财政部规划教材
全国中等职业学校财经类教材

收银实务

第五版

主编 丁良 王兆远 李冠群
副主编 木佳 张维 屈生梅
参编 李永芬 叶剑民 张建强
郑丽红 张从容 吴娟
保吉

中国财经出版传媒集团
中国财政经济出版社
·北京·

图书在版编目（CIP）数据

收银实务／丁良，王兆远，李冠群主编．-- 5 版．北京：中国财政经济出版社，2025.6. --（财政部规划教材）（全国中等职业学校财经类教材）．-- ISBN 978-7-5223-3840-8

Ⅰ. F719.0

中国国家版本馆 CIP 数据核字第 2025HP9998 号

责任编辑：王佳欣　　　　责任校对：张　凡
责任印制：张　健

收银实务
SHOUYIN SHIWU

中国财政经济出版社 出版

URL：http：//www.cfeph.cn

E-mail：cfeph@cfeph.cn

社址：北京市海淀区阜成路甲 28 号　邮政编码：100142

营销中心电话：010-88191522

天猫网店：中国财政经济出版社旗舰店

网址：https：//zgczjjcbs.tmall.com

北京鑫海金澳胶印有限公司印刷　　各地新华书店经销

成品尺寸：185mm×260mm　16 开　9.75 印张　243 000 字

2025 年 6 月第 5 版　2025 年 6 月北京第 1 次印刷

定价：29.00 元

ISBN 978-7-5223-3840-8

（图书出现印装问题，本社负责调换，电话：010-88190548）

本社图书质量投诉电话：010-88190744

打击盗版举报热线：010-88191661　QQ：2242791300

编写 说明

本书是财政部规划教材，作为全国中等职业学校财经类教材使用。教材内容与高职阶段“出纳实务”的课程内容衔接，可以作为中职高职贯通培养中职阶段教材使用。

收银员是随着现代零售业的繁荣发展和现代化收银手段的应用而逐步发展和独立出来的一个新的工作岗位，收银工作是近年来职校学生的一条就业新渠道。本书紧紧围绕收银员的岗位能力和技能要求，阐述了从事收银工作必须具备的基本知识、基本礼仪、基本技能和主要收银业务的操作方法，以培养学生从事收银及相关工作的综合职业能力。

教材注重价值引领，落实立德树人根本任务，力求体现新时代职业教育和课程思政特色。以培养学生的应用能力为主，深入贯彻全国职业教育大会精神，坚持产教融合、面向市场、强化能力、促进就业，培养更多高素质技术技能人才的“大国工匠”。理论部分以精、简、够用为指导，力求文字精练，避免烦琐冗长。实训部分通俗易懂、易教易学，编排形式新颖活泼、图文并茂。结合教材内容，书中还穿插了“小故事”“小资料”“注意”“提示”“案例”等课程思政元素的小模块，增强了教材的趣味性和可读性，以适应职校学生的学习特点。本书在各教学项目模块之后配备了“实战演练”，以便于教师教学和学生对所学知识的复习与巩固。

本教材由云南财经职业学院丁良、王兆远、李冠群担任主编；云南财经职业学院木佳、张维和瑞丽市职业中学屈生梅担任副主编。其他参加编写和修订的人员有：云南财经职业学院李永芬、吴娟、保吉；四川财经职业学院叶剑民、武汉市财政学校张建强、福建龙岩财经学校郑丽红、广东省财政职业技术学校张从容。

本教材参考课时如下：

课程内容	学时数
项目一　收银概述	4
项目二　收银工作组成要素	16（含实训）
项目三　收银业务操作	18（含实训）
项目四　收银员基本技能	16（含实训）
项目五　收银员礼仪规范	8（含实训）
项目六　收银工作管理	10
合　计	72

本书为用书学校任课老师提供了相关配套资源，如有需要，请以电子邮件向中国财政经济出版社索取（请注明：学校、全书名、版次），E－mail：caijingjiaocai@163.com。也可以登录以下网址下载：read.book.zcmedia.cn。

在编写过程中我们参考了一些著作的成果以及互联网上的相关资料，并得到了很多专家和朋友的帮助与支持，在此一并表示感谢！

限于编者水平，书中难免存在错漏之处，恳请读者批评指正。

编　者

2025 年 6 月

目 录

项目一
收银概述

【知识目标】

1. 了解收银的含义及收银职业的历史变迁。
2. 理解收银员基本素质要求的内容。
3. 掌握收银工作主要业务包含的内容。

【能力目标】

1. 熟练掌握收银员的基本素质要求。
2. 熟练掌握收银工作的主要业务。
3. 熟练辨别违反收银员职业道德的行为。

【素质目标】

1. 提升职业素养，保持诚实守信的品质，确保交易的公正性和准确性。
2. 严守收银职业道德规范，增强责任心，提升服务意识。

【思维导图】

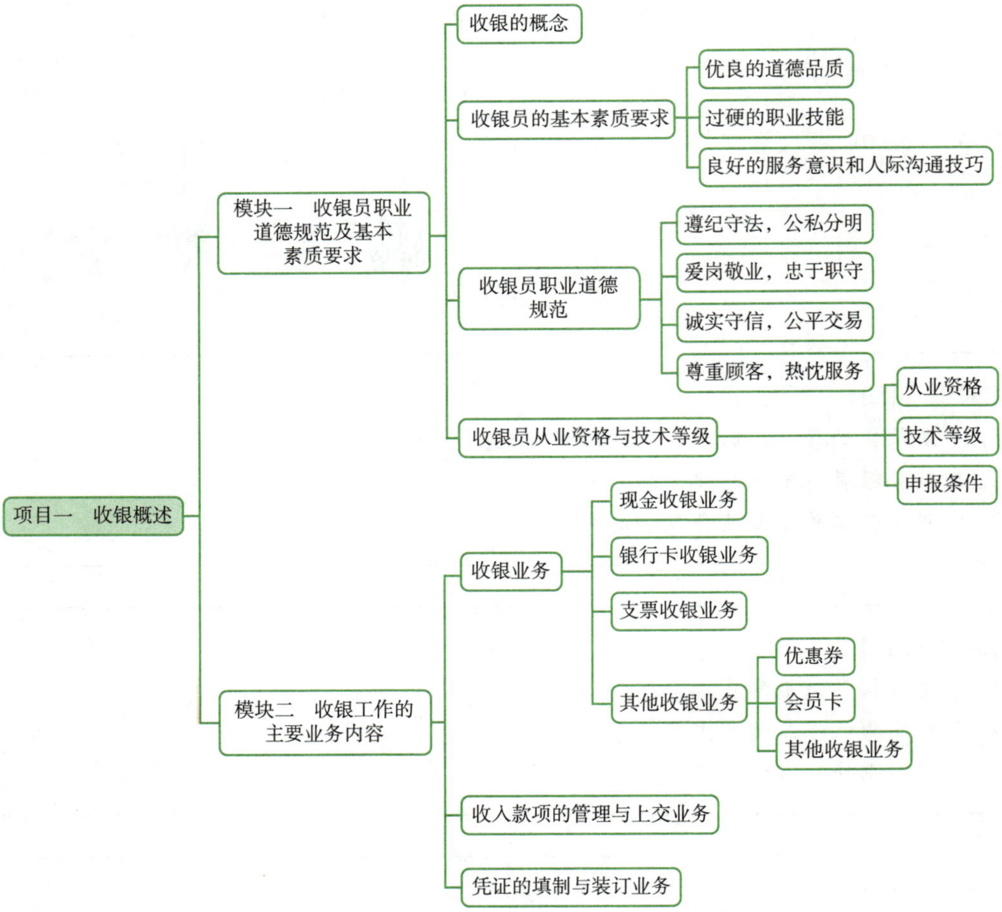

模块一　收银员职业道德规范及基本素质要求

一、收银的概念

收银就是收钱，是指商家在出售了商品或提供了服务之后向消费者收取款项的一种商业活动。

将收钱称为“收银”，是因为在我国历史上曾经长期以白银作为流通货币。唐朝时，白银就在贸易中使用，到明朝时成为主要流通货币之一，直至20世纪30年代终止。因此，人们习惯于将收钱称为“收银”。

收银工作在商业零售业不发达时期并不是一个独立的岗位。收银工作在企业中作为一个重要工作岗位独立出来，并成为一种新的职业，是在20世纪90年代中期以后。随着商品经济的日趋繁荣，一方面，大型百货商场、购物中心、超市等快速增长，需要配备大量收银人员；另一方面，企业为加强资金管理和经营管理，内部分工日趋细化和专业化，收银工作成为零售企业中的一个独立的重要工作岗位。这时，为适应商业零售业态发展的需要，电子收款机应运而生，取代了传统手工收款。

21世纪初，随着移动支付的兴起，收银方式发生了革命性的变革。不论是大型超市还是普通零售店，甚至市场摊档、餐馆、影院等消费场所，都可以通过手机支付宝或微信扫码完成支付。在移动支付技术的逐渐成熟过程中，智能收银系统已经不仅局限于收银功能，还囊括了点餐、排队、预订、外卖等多种功能。这些智能收银系统不仅提高了收银效率，还提升了顾客的消费体验。近年来，随着人工智能技术的快速发展，未来收银工作将会更加智能化。

二、收银员的基本素质要求

收银是商业零售业中的一个重要岗位，它不仅承担着实现企业收益的重任，同时还是展示企业形象的一扇窗口。因此，收银员必须具备以下基本素质：

（1）优良的道德品质。具有优良的道德品质是对从事收银职业人员的首要要求。收银人员必须遵纪守法、爱岗敬业、恪尽职守、严于律己、公私分明。收银员每天经手的钱、物成千上万，随时经受着金钱和物质的诱惑，如果没有优良的道德品质和较强的法治观念，就容易走上犯罪的道路，甚至承担刑事责任，给个人和社会带来严重后果，同时也让公司蒙受经济损失。所以，收银工作较其他工作对从业人员的道德品质要求更高。

（2）过硬的职业技能。职业技能过硬是提高收银工作效率和收银工作质量的前提。收银工作要求准确、快速、安全。准确性是衡量收银工作质量的重要指标，因为只有在准确的基础上，快速和安全才是有意义的。收银员必须熟练掌握的职业技能包括：收银机操作技术、计算技术、点钞和验钞技术以及会计数字书写规范等。为了提高收银人员的业务能力和业务水平，收银员还应掌握一定的会计基础知识。随着科技的不断进步，收银设备和支付方式也在不断更新。收银员需要具备较强的学习能力，以迅速适应新的设备和技术。

（3）良好的服务意识和人际沟通技巧。收银工作是一项综合性很强的工作。它既是经济性工作，又是服务性工作。收银员要能正确认识收银工作的这一特殊性，树立正确的收银服务意识，才能在处理顾客的疑问和满足顾客需求时，通过良好的沟通能力，主动、热情、耐心地为顾客提供优质的服务体验。

德技兼修

杨佳快速收银通道

2006年在“银联杯”全国商业服务收银员银行卡知识、技能竞赛总决赛中，杨佳以绝对优势获得个人第一名。随后，湖南省第一个以收银员名字命名的收银通道——“杨佳快速收银通道”在“家润多”朝阳店超市开通。

长沙的生活超市很多，但令购物者最为苦恼的是每到高峰时期，选好东西后还要被“卡”在收银处排队等候多时。“家润多”朝阳店别出心裁，推出以“杨佳”命名的快速收银通道。“家润多”负责人称，位于第22号通道的“杨佳快速收银通道”就是要突出“快”和“准”的特点，解决顾客“等”的烦恼。因此，杨佳每天上班的时间定在上午10时至12时、下午4时至6时，而这4个小时往往是超市人流最密集的时期。一天下午4时，通道刚刚开通，在醒目招牌的指示下，顾客蜂拥而至杨佳的收银台前。只见杨佳手眼配合，几秒钟工夫，一位大爷一满篮的商品条码已经全部录入，价钱也已算出。当这个年方22岁的小姑娘干净利落地将白菜、猪排、卫生纸等商品全部装入购物袋时，大爷还在从钱包中往外拿钱呢。杨佳的速度之快令人瞠目结舌。

杨佳收银既快且准，在“家润多”收银4年来，从未收过一张假钞。记者经观察发现，别的收银员为1位顾客收银装袋的时间里，杨佳已为4位顾客完成了收银服务。

三、收银员职业道德规范

（一）遵纪守法，公私分明

遵纪守法是指职业活动要遵守国家法律法规，严格依法管理、依法经营。收银员要熟悉国家相关法律法规及企业规章制度，切实做到知法、懂法、守法，杜绝有法不依、知法犯法的现象。要自觉遵守国家相关法律法规，做到清廉经商、秉公办事，不损公肥私、不利用工作之便牟取私利。

议一议

小王在一所职业中专会计专业学习，在即将毕业的最后一学期，学校组织部分学生到一家超市实习，小王是其中之一。超市人事部表示，实习结束后，将把表现好的同学录用为收银员。但实习不到一个月，小王就出了问题。原来，小王到超市实习后，与该超市的一名收银员联手，采用跳过扫描的手段偷窃超市价值500多元的商品，被超市电子防盗系统识破。按照该超市内部管理规定，小王退回全部商品并被处以500元罚款，还因此影响了其顺利毕业。而那名收银员除被罚款外，还被超市开除。

分析：由于超市内盗现象屡有发生，防不胜防，经营者对此深恶痛绝。甚至有人提议，各大超市携起手来，对内部偷盗者登记在册，永不录用。

每一位准备从事收银职业的人，都要从本案中吸取教训，加强思想政治学习和道德品质修养，不因经受不住金钱物质的诱惑而自毁前程。

（二）爱岗敬业，忠于职守

爱岗敬业就是要热爱所从事的职业，这是做好工作的前提。只有热爱本职工作，才可能全身心地投入并达到乐此不疲的程度；才可能在工作中始终兢兢业业、认真负责；才可能充分发挥自己的聪明才智，在平凡的岗位上做出不平凡的业绩。忠于职守就是要忠实地履行岗位职责，坚守岗位，扎实工作，以认真负责的态度完成岗位职责。

（三）诚实守信，公平交易

诚实守信是各行各业的生存之道，是人们在职业活动中处理人与人之间关系的道德准则。诚实就是要真心诚意，实事求是，不虚假，不欺诈；守信就是要遵守承诺，讲究信用，讲究质量，信守合同。要以真诚优质的服务来赢得顾客的信任。

（四）尊重顾客，热情服务

“顾客就是上帝”“顾客是我们的衣食父母”。收银员要树立全心全意为顾客服务的思想，主动、耐心、周到地为顾客服务。通过自己的勤奋劳动，满足顾客的需要，对顾客不论生熟亲疏，均应平等对待。在接待顾客时，不特别照顾熟人，冷落陌生人；不厌烦老人和欺哄小孩；不歧视、不嫌弃残疾人。

四、收银员从业资格与技术等级

为适应商业现代化发展的需要，加强商品流通行业员工队伍建设，提高收银员整体素质，2004 年国家相关部门发出通知，决定在商品流通行业实行收银员岗位资格证书制度。

从事收银职业需具有高中以上文化程度（含同等学力）。收银员技术等级分为初级收银员、中级收银员、高级收银员、收银员技师、收银员高级技师。目前收银员鉴定站一般只鉴定初级、中级、高级三个等级。

（一）从业资格

（1）年龄要求：通常要求报考者年满 18 周岁及以上，因为这是从事收银员工作的合法年龄要求。

（2）学历要求：初中或同等学力是报考初级收银员的最低学历要求。但随着等级的提升，可能需要中等职业教育毕业证书或高等职业教育毕业证书。同时，不同地区和认证机构的具体学历要求可能有所不同。

（3）健康要求：收银员工作需要长时间站立，因此健康状况良好、适合从事收银员工作是基本要求。

（二）技术等级

收银员的技术等级主要分为初级、中级和高级三个等级，每个等级的技能要求有所不同。

1. 初级收银员（国家职业资格五级）

技能要求：能使用打印机打印小票并交付顾客；能将现钞按面额分类放入钱箱；能进行条

码、现金数额的键盘录入（要求达到 120 个数字/分钟的速度）；能识别国内各类银行卡，并使用 POS 机完成银行卡收银操作；能操作条码扫描设备将商品扫入收款机（要求 1 件/3 秒）；能对商品进行消磁操作；能按照程序领取备用金；能根据营业情况合理搭配现金面额、兑换零钱；能在每日结款时清点现金及相关票据，并按照销售款送存程序安全上缴。

2. 中级收银员（国家职业资格四级）

技能要求：能检测收款机是否正常运行，诊断收款机黑屏故障并报修；能感官鉴别现钞真伪，清点、收取顾客交付的现钞（要求具备 210 张/分的速度），并使用加法器或计算器进行计算找零（要求具备 210 张/分钟的速度）；能进行条码、现金数额的键盘录入（要求达到 130 个数字/分的速度）；能手工输入卡号，采用离线方式或手工方式进行预授权类交易；能在系统出现故障时完成结账操作。

3. 高级收银员（国家职业资格三级）

技能要求：具备管理层次的收银知识，如日常工作中的财务管理、统计和报表生成等；能高效地进行账目核对和日终结算；能处理复杂交易，管理收银台。

（三）申报条件

1. 初级收银员

具备以下条件之一，可申报初级收银员：①在本职业见习期满两年，考核合格；②参加本职业初级收银员综合评价等级培训，并取得结业证书。

2. 中级收银员

具备下列条件之一，可申报中级收银员：①取得本职业初级收银员资格证书后，在本职业连续工作期满三年；②从事收银员工作连续五年以上；③取得本职业中级收银员职业综合评价等级证书，或取得结业证书。

3. 高级收银员

具备以下条件之一，可申报高级收银员：①取得本职业中级资格证书后，在本职业连续工作期满四年，经本职业高级正规培训达到规定标准学时数，并取得结业证书；②取得本职业中级职业证书后，连续从事本职业工作六年以上；③取得高级技工学校或经人力资源和社会保障行政部门认定的，以高级技能为培养目标的高等职业学校本职业（专业）毕业证书。

模块二　收银工作的主要业务内容

收银工作的主要业务是指收银员在收银岗位上必须完成的各项主要工作。收银员承担的工作很多，但就收银工作的业务内容而言，主要是收银业务、收入款项的管理与上交业务以及凭证的填制与装订业务等。

一、收银业务

收银业务主要有：现金收银业务、银行卡收银业务、支票收银业务和会员卡与优惠券收银业务，微信转账收银业务、手机银行转账收银业务、二维码扫码支付以及手机 App 支付等。

（一）现金收银业务

在现代经济生活中，持有银行卡的家庭较为普遍，但由于现金的直接支付功能，很多人尤其是老年人在超市、商场购物且所购商品金额不大时，还是喜欢使用现金结账。所以，现金收银是超市和商场的主要收银方式。

现金收银业务程序主要包括核算金额、收取现金、验钞、打单、找零等环节。收银员首先对顾客选购的商品一一清点数量，扫码计价，计算出顾客应付款总金额；然后收取现金并认真检验钞票的真伪；最后打印销售清单（发票）交给顾客并找零。

（二）银行卡收银业务

银行卡是商业银行向社会发行的，具有消费信用、转账结算、存取现金等全部或部分功能，作为支付结算工具的各类卡的统称。银行卡具有方便、快捷、安全可靠的特点和集多种功能于一体的优越性，是目前消费者除现金之外使用较普遍的一种支付方式。因此，银行卡收银业务是除现金收银业务之外发生较多的一种收银业务。

银行卡主要分为信用卡和储蓄卡两种。这里主要介绍信用卡收银业务。

信用卡收银业务程序包括收卡验证、刷卡、签单、打单、退还卡等环节。具体流程如下：顾客以信用卡付账结算时，收银员接受顾客的信用卡，审验无误后刷卡；打印签购单，请持卡人签字并审核顾客签名笔迹；打印销售清单；将银行卡、销售清单等交还顾客。

（三）支票收银业务

支票是一种银行票据。在团体、单位购物且金额较大时，因携带现金存在安全隐患且受有关管理规定限制，一般采用支票结算方式。支票收银业务一般不多见。

支票收银业务程序包括查验支票、审验证件、填写支票、打印销售发票等环节。办理支票收银业务时，要认真审验支票各项要素是否齐全、正确、规范、有无涂改、是否在有效期内、查验持票人证件是否正确等，并留下购货单位电话和持票人身份证号码。

（四）其他收银业务

收银业务除了上述现金收银、银行卡收银和支票收银业务之外，还有如优惠券收银和会员卡收银等其他收银业务，如微信转账收银业务、手机银行转账收银业务、二维码收银业务等。

（1）优惠券是商家送给消费者的。持有优惠券购物时可得到某些商品的打折优惠。优惠券一般与现金、信用卡和支票等支付手段一起使用，其收银业务程序为收取优惠券、计算打折金额、收款、打印销售清单、找补多余款。

（2）会员卡是大型超市和商场实行会员制经营方式而发行的优惠卡。顾客持有会员卡消费，可享受打折优惠。会员卡也是商家的一种促销手段。会员卡收银业务与上述几种收银业务同时进行，其业务程序不再赘述。

（3）其他收银业务。随着 4G、5G 技术的发展以及智能终端、智能手机的日益普及，互联网已经成为消费者获取信息的主要渠道。消费者借助移动互联网，能够更加便捷地穿梭于线上信息渠道和线下体验场景，也给 O2O 产业链上下游的关联厂商带来了新的价值增长点。

在金融支付领域，正在经历一场划时代的技术变革。这场变革深刻改变了支付的方式和效率。随着智能手机的普及和移动互联网技术的发展，移动支付已成为全球范围内最热门的支付方式之一。在我国，支付宝和微信扫码支付等移动支付工具已经普及至日常生活的方方面面，我们平时出门消费、上街购物、订外卖，甚至买瓶水，既可以支付现金，也能刷卡，还可以扫码，大到连锁餐饮，小到街边小吃，随处可见二维码的身影，扫码支付成为一种习以为常的消费方式。而商场、超市以及大量零售商不得不同时面对传统银联、二维码、刷脸以及 NFC 等多种支付方式共存并行的问题，他们不得不按照用户使用习惯升级支付设备，这就促成了一次不可避免的大规模收银方式升级。随着这股浪潮，刷脸支付、声波支付、NFC 支付等智能支付终端产品推出，越来越多地应用于智能支付场景。不同的支付方式各具特色，满足了不同场景下的支付需求。

人工智能在支付领域的应用日益广泛。通过实人认证技术，如人脸身份比对、人证合一等，利用大数据和人工智能技术，支付平台可以实现个性化服务，为用户提供更加便捷、个性化的支付解决方案。智能收银系统采用先进的识别技术，如 RFID、二维码扫描等，实现商品的自动识别、自动计价和快速结账。通过大数据分析，智能收银系统还能为商家提供销售统计、库存管理、会员管理等多方面的数据支持。收银系统不再局限于传统的收银功能，而是逐渐拓展到更多领域。例如，在餐饮行业，收银系统可以与点餐系统无缝对接，实现点餐、收银等一体化管理。在零售行业，收银系统还可以与会员管理系统、促销管理系统等相结合，为商家提供全方位的运营支持。

随着信息通信技术的不断进步，如物联网、大数据、云计算、人工智能等，为收银业务的变革提供了强大的技术支持。随着手机端成为主要支付工具，国内手机厂商纷纷推出手机支付功能，例如 Huawei Pay、Xiaomi Pay、OPPO Pay 等。这些技术使收银系统实现更高效的数据处理、更智能的决策支持和更便捷的用户体验。

在移动支付领域，主要有三种支付方式：一是近场支付。依赖于手机与收款设备之间的近距离通信的 NFC 支付。常见于商场、超市等零售场所。例如，华为智感支付就是华为推出的一种基于 NFC（近场通信）技术的支付方式，允许用户将手机靠近支付设备，无须打开任何应用，即可实现快速、安全支付。二是远程支付。通过互联网或移动网络，适用于任何有网络连接的地点，包括使用智能手机应用进行的在线银行转账、购物支付等。三是第三方支付工具。如微信支付、支付宝、银联云闪付等，这些支付工具通常与特定的电商平台或线下商家合作，提供便捷的支付解决方案。

从传统远程支付、二维码支付、NFC 近场支付发展到刷脸支付、声波支付等，生物信息技术的进步带来移动支付的个性化、多样化革新，收银方式也将不断变革。数字人民币是国家法定货币，是安全等级最高的资产，可在不依赖银行账户的前提下进行价值转移，并支持离线交易，具有“支付即结算”特性。

未来，收银业务将继续朝着智能化、个性化、便捷化和安全化的方向发展。

二、收入款项的管理与上交业务

收银台每天要收取大量的现金和购物券，这是企业的重要资产，保证所收款项的安全完整是收银员的重要职责。收银员在收银工作结束后，首先应将当天收取的营业款项进行清点，核算出营业总金额（扣除备用金）；其次，将电脑小票和购物券等分类整理，分别捆扎装订；最后，如数填制缴款凭证，将营业款连同缴款凭证一并上交总收款室。

三、凭证的填制与装订业务

收银工作属于经济性工作，财务部门的部分会计凭证产生于收银业务中。因此，填制和装订凭证是收银员的重要业务内容之一。经收银员填制的凭证一般有销售发票、缴款单等。营业结束后，收银员要将各种凭证分类整理，分别捆扎装订，连同营业款一同交到总收款室。

实战演练

一、不定项选择题

1. 收银员职业技能包括（　　）。

A. 收银机操作技术　B. 计算技术
C. 点钞和验钞技术　D. 会计数字书写规范

2. 衡量收银工作质量的重要指标是（　　）。

A. 快速　B. 准确　C. 安全　D. 热情周到

3. 收银员的基本素质要求包括（　　）。

A. 大学本科以上学历　B. 过硬的职业技能
C. 优良的道德品质　D. 良好的服务意识

4. 收银职业道德规范是（　　）。

A. 遵纪守法，公私分明　B. 爱岗敬业，忠于职守
C. 诚实守信，公平交易　D. 尊重顾客，热忱服务

5. 收银工作的主要业务内容是（　　）。

A. 现金收银业务　B. 银行卡收银业务
C. 收银业务　D. 收入款项的管理与上交业务
E. 凭证的填制与装订业务

6. 银行卡收银业务工作程序是（　　）。

A. 收卡验证　B. 刷卡　C. 签单　D. 打单
E. 返还卡

二、判断题

1. 收银工作在商业零售业不发达时期并不是一个独立的岗位。（　　）

2. 技术过硬是收银员基本素质的首要要求。 （ ）
3. 收银工作既是经济性工作，但更多的是服务性工作。 （ ）
4. 现金收银和支票收银是超市的主要收银业务。 （ ）
5. 在收银职业见习期满两年，考核合格，就可申报初级收银员。 （ ）

三、简答题

1. 收银员应具备哪些基本素质？
2. 简述收银工作的主要业务内容。

四、实训题

1. 到超市观察收银工作情况。

【实训目的】通过观察，让学生对收银工作及环境有一个初步的认识和感知。

【实训要求】每位学生选择一家大型超市，观察并记录收银员工作情况。

（1）观察并记录收银员工作环境、收银台及收银人员的数量、服装、发型、工作态度等。

（2）观察并记录你所看到的收银业务。

2. 阅读以下案例，任课教师组织本班学生讨论“道德品质对收银职业的重要意义”。

【案例一】

某商场电器区在对商品库存进行自查时发现：灯饰柜有两种商品账实不符。经查，1月13日和5月21日各有一盏吸顶灯被退回，但交接本上却无记录。后查实，是柜组长黄某使用顾客遗留的电脑小票做退货，而在办理退货时服务台值班员戴某和刘某没有严格按规定操作，使黄某顺利地将所退的现金据为己有。

处理：对该员工作除名处理，令其赔偿公司的损失。

性质：职务侵占罪。

【案例二】

某商场一楼服务台人员将三张无人认领（顾客遗失）的储值卡（每张面值500元）上交公司财务部。财务部检查发现卡内余额与拾获时登记的卡内余额不符，即上报有关领导。经查，是一楼服务台收银员黄某在中午拿去消费了224元。

处理：对该收银员罚款500元，并作辞退处理。

性质：利用购物卡实施盗窃行为。

【案例三】

某商场服务台组长李某在工作期间，对顾客遗留物品（一条金项链）不按公司有关规章制度进行登记，擅自处理（据为己有）。

处理：对该员工作除名处理，退赔物品。

性质：利用职务之便私吞顾客遗留物品。

【案例四】

某商场收银员李某在为顾客（实为李某的丈夫）收银的过程中，弄虚作假，故意少收货款84.9元，并利用职务之便，在该顾客没有该商场优惠卡的情况下，为其所购商品打了九五折，该行为被其他员工发现。

处理：对该收银员罚款 849 元，并作除名处理。

性质：职务侵占。

【案例五】

“五一”期间，某商场推出了一系列促销活动，其中一项是购物小票号码尾数是“51”的顾客可领取奖品。5 月 1 日，该商场防损员尤某在当班期间利用工作之便，到收银台插队购物以获取尾数是“51”的电脑小票，且事后对自身错误不以为意，并企图逃避责任。收银员周某、王某利用职务之便为尤某提供便利，通知其付款。收银员李某对于尤某的违规行为没有阻拦，只是事后提出意见。

处理：对防损员尤某作除名处理；收银员周某、王某重新试用，期限一个月；对收银员李某作 50 元罚款处理。

性质：职务侵占。

【案例六】

某商场海鲜档促销员洪某利用工作之便，将鲜肉档一件高价商品换上低价条码，在通过收银台时被收银员麦某当场识破，为公司挽回了损失。而鲜肉档促销人员梁某知情不报，严重违反了公司的有关规定。

处理：将洪某、梁某退回供应商并对其做相应处罚；对收银员麦某通报表扬并奖励 100 元。

性质：职务侵占。

项目二 收银工作组成要素

【知识目标】

1. 了解收银工作的组成要素。
2. 掌握收银岗位的工作职责和具体要求。
3. 了解商品编码和条码的基本知识。

【技能目标】

1. 熟悉收银环境、电子收银机的构成部件和外部设备。
2. 掌握收银岗位和收银场所的相关知识以及收银工作系统的构成及其功能。
3. 掌握商品编码和条码的相关知识。

【素质目标】

1. 培养严谨细致、诚实守信的职业操守，确保每笔交易账目清晰准确，严守工作纪律与财务机密。
2. 主动识别假币、系统漏洞或结算异常，建立对岗位职责的敬畏心与责任感。

【思维导图】

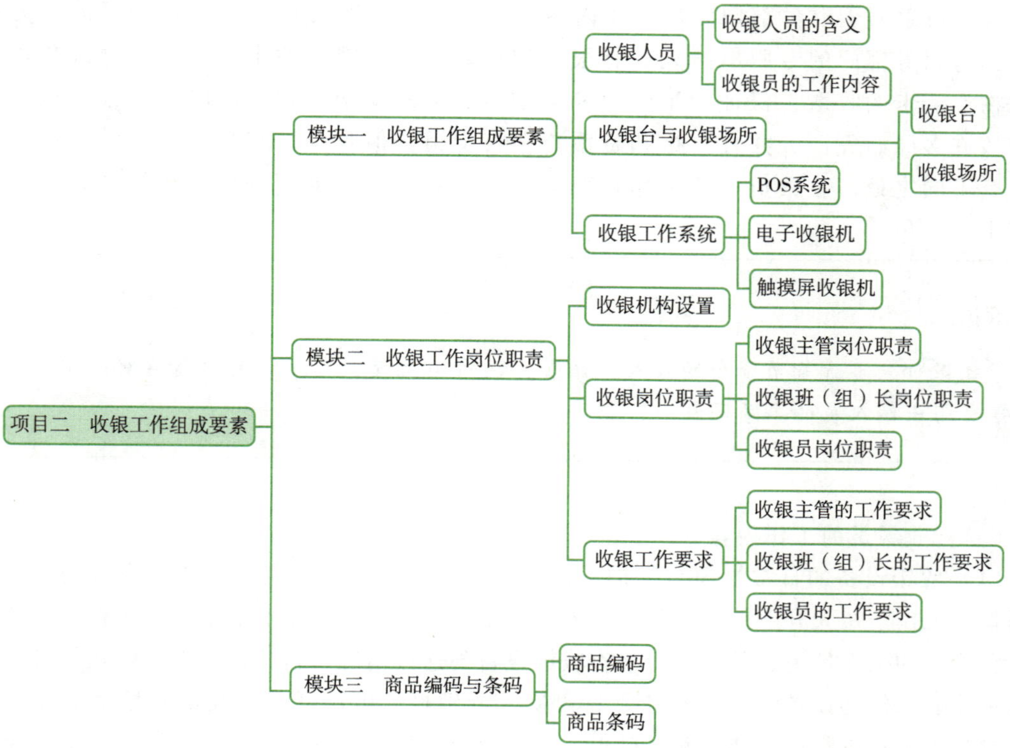

模块一　收银工作组成要素

收银工作组成要素主要包括四项：收银人员、收银岗位、收银场所和收银工作系统。在这四个要素中，收银人员是收银工作的主体，承担着具体收银业务的操作；收银岗位和收银场所是收银人员从事收银工作的具体地方和空间，收银工作系统是完成收银工作的必备工具，是收银工作的支撑。

一、收银人员

（一）收银人员的含义

收银人员是指所有从事与收银工作有关的人员，包括收银员、收银班（组）长、总收款室人员、收银主管以及收银监察主管和收银监察员等。

收银员又称“收款员”，是指在百货商场、超级市场、购物中心等商业零售企业从事面向顾客收取现金（含现钞、支票、各种金融支付卡等）的工作人员。从性质上看，收银员是财务部门的出纳岗位派往营业第一线收取货币资金的派出人员。

收银员隶属于财务部门，从工作内容、方法、要求以及自身应具备的素质等方面来看，其与财务部门的专职出纳人员有很多相似之处。收银员的主要工作是办理货币资金和购物券、卡的收取，保证货币资金和购物券、卡的安全完整。同时，收银员也要填制和审核许多原始凭证，并且直接和货币资金打交道。但收银员与财务部门的专职出纳人员又有不同之处。收银员一般工作在商业活动的第一线，他们收取货币资金，然后交给专职出纳人员。

提示：

收银员只负责货币资金的收入、保管、核对与上交，不负责货币资金的支付。这是收银员与出纳人员的本质区别。

（二）收银员的工作内容

（1）收银设备的日常管理与维护。在日常工作中，收银员应做好收银设备的清洁、维护和管理工作。每天开业前，首先，应做好收银区域及收银设备的清洁卫生工作，营造一个干净、清爽的工作环境；其次，应检查收银设备的连接情况，包括检查电子收银机各部分线路是否连通，外部设备是否连接正常；再次，分别打开电源开关、收银机显示器和主机电源，对收银设备进行调试和检测，确保一切收银设备运转正常；最后，每天下班前，应按规定退出收银系统，正确关闭收银机，断开电源开关，整理收银台。

（2）现金、支票等营业资金的收取和上交。收取钱款是收银员的主要日常工作。收银员应根据顾客交来的、核对无误的销售凭证进行收款，正确办理现金、信用卡、支票、优惠券等各项资金的收款业务，并做到收款及时、清点准确、唱收唱付。每天在规定的时间内将所收资金核对准确，及时上交。

（3）资金、发票及印章的管理与保管。收银员应加强对营业资金、发票和印章的保管，不得随意乱放。所收款项应及时分类放入钱箱，发票和印章放在规定的位置。如果临时有事离开收银台，应将资金、发票及印章分别锁好，严防丢失、被盗和毁损。

（4）零用现金及办公用品的领取与管理。收银员应在每天营业前检查所需零钱、发票及办公用品是否满足需要。如果零用现金不够，应及时找班（组）长兑换；如果发票用完，应及时到总收款室登记注销，交回已用完的发票，领用新发票；对于急需的办公用品，应及时报告班（组）长领取。

（5）收款凭证和各种表单的装订与上交。收银员每天下班以前要认真将销售凭证等原始凭证装订好，连同当日收取的货币资金一并交到总收款室，结清当日账务。

二、收银台与收银场所

（一）收银台

收银台是指收银员工作所在的收银岗位。收银台又称“收款台”，是百货商场、超市等零售企业设在营业大厅内，供收银员收取售货款的工作台。为了资金的安全，这些工作台基本上是半封闭式的工作间。收银台内的配置主要是电子收银机、辅助设备以及收银所需要的办公用品。

（二）收银场所

收银场所是指设立收银岗位，配备专职收银人员从事收银工作的营业场所。对于不同的企业，收银场所可能会有所区别，比如，商场一般在收银台，超市一般在出口处，餐厅、饭店、酒店收银一般在总服务台等。目前，为了便于管理，收银场所一般相对固定，而且相对集中。

提示：

本书所讲的收银业务知识主要以百货商场和超级市场这两种零售企业为主。

依据选址、规模、目标顾客、商品结构、店堂设施、经营方式、服务功能等具体情况，现代商品零售企业分为百货商店（百货商场）、超级市场、连锁超市、便利店、专卖店、购物中心、仓储式商场等。在这些零售企业中，最具有代表性的是百货商场和超级市场，它们分别代表着两种不同的经营模式，表现在前台收银上是两种不同的销售方式。

1. 百货商店

百货商店又称为百货公司、百货大楼等，是指经营包括服装、家电、日用品等众多种类商品的大型零售商店。百货商店经营若干大类商品，实行统一管理，根据不同的商品部门分区销售，开展进货、管理、运营，满足顾客对日用商品多样化选择需求的零售业态。在我国，百货商店主要是指以经营日用百货、服装、鞋帽、钟表、眼镜、文化体育用品为主的综合商场和以经营以上某种商品为主的专业零售店。百货商店具有以下五个特点：①经营的商品品种繁多，一般有几万种以上；②以经营各类服装、服饰、家庭用品为主，种类齐全，少批量，高毛利；③店址一般设在交通便利的繁华地段、交通要道，装修豪华，规模较大，营业面积一般在 5 000 平方米以上；④以单体店经营为主，采取柜台经营，营业员直接收款付款，也采用自选（开架）销售相结合方式，还可实行连锁经营；⑤采取定价销售，可以退货，服务功能齐全。

2. 超级市场

超级市场通称“超市”，一般是指实行开架陈列，顾客自我服务，货款一次结算的大型商场。超级市场一般选在居民区、交通要道和商业区，以居民为主要销售对象。

由于各国具体情况不同，对超市的界定也有所不同，但归纳起来具有以下几个特征：一是商品构成以食品、服装、日用杂货等日常必需品为主；二是实行自我服务和一次性集中结算；三是薄利多销，商品周转速度快；四是商品新鲜、洁净，明码标价，并在包装上注明商品的质量和重量；五是实行商品部经营管理制度，按部门陈列出售商品。

小知识

超市在我国的发展

超市在我国的出现是在20世纪80年代初，当时超市是作为一种新型的零售商业形式从国外引进的。1981年上半年，广州市友谊商店开办了我国第一家超市（也称“自选商场”）。到1983年底，据不完全统计，全国共有超市40多家，到1985年底全国约有155家。这一新的商业形式开始吸引了许多顾客，但两三年之后，大部分自选商场由于规模小、投资大、成本高，再加上管理不善，新的经营方式并没有给这些商场带来生机和活力。20世纪80年代中期以后，自选商场在我国逐渐减少，只有极少数经营有方的商场得以生存下来。

进入20世纪90年代以后，随着我国市场经济的不断完善，居民生活水平的不断提高，超市重新在我国经济发达的地区出现，并且出现良好的发展势头。到20世纪90年代后期，超市已经在我国大中城市迅速发展起来，并且取得了良好的经营业绩。目前，超市这一现代化的零售经营方式正呈现良好的发展势头，许多国外大的知名连锁集团纷纷落户中国，如沃尔玛、家乐福、万客隆、麦德龙等。

超市按照组织形式的不同，分为独立超市和连锁超市；按照经营特征不同，分为传统超市和新型超市；按经营规模的大小，分为大型超市、中型超市和小型超市。

（1）大型超市的经营规模大，附属设施多，经营面积一般在2 500平方米以上。大型超市一般设有专门的出口和入口，收银台在20个以上。例如，法国大型超市所设收银台数量最多的达到80个，平均26个。根据经验，大型超市一般按照每200平方米设置一个收银台，每个收银台配备两名收银员，一人负责收款，另一人负责验货装袋。

（2）中型超市的营业面积一般为400～2 500平方米，一般也设有专门的出口和入口，收银台一般为10个左右，具体设置数量根据营业面积大小而定，一般按照每150平方米设置一个收银台。

（3）小型超市也称为“自选超市”，向顾客敞开经营，提供自助服务。营业面积一般为120～400平方米，出口和入口一般设在一起，收银台设在出入口的两侧，收银台数量一般为2～4个。

三、收银工作系统

（一）POS系统

POS（Point of Sale）系统也称为“销售点情报管理系统”，它是以后台计算机、商品编码和条码为基础，以电子收银机和条码扫描器为前台工具，配合其他电子设备（如磁卡阅读器）所构成的一个系统。其基本原理是先将商品资料创建在计算机文件内，通过电子收银机的光学读取设备读入（或由键盘直接输入代号）后，就可以马上显示商品的信息（如单价、部门、折扣等）。每笔商品销售明细资料（售价、部门、时段等）自动记录在计算机内，通过计算机计算处理，可以生成各种销售统计分析信息。POS系统除能提供精确的销售信息外，还可以通过销售记录掌握卖场内所有商品的全部数据，这些数据可以作为经营管理者经营决策的重要依据。POS 系统已经成为现代零售管理的必备工具之一。

提示：

POS 系统的主要构件包括电子收银机、收银软件、后台计算机三部分。

美国零售业协会曾对零售业运用 POS 系统的情况做过一项调查。调查显示，有 80% 的零售业者认为“POS 系统是零售业唯一的方向”。由此可见，现代零售业离不开 POS 系统，超市经营管理更离不开 POS 系统的运用，这是因为 POS 系统的作业功能和管理功能为超市带来了巨大的利益。

（二）电子收银机

商业电子收银机是微电子技术发展及现代化商品流通管理理念和技术发展相结合的产物。商业电子收银机，又称“POS 收银机”，是现代零售业前台收银的主要工具，是现代化、自动化商业管理必不可少的基本电子设备之一。

1. 电子收银机的分类

按照电子收银机的硬件配置和联网功能，可将电子收银机分为以下三类：

一类机（见图 2－1）的主要作用是收银、结账。该机管理能力较低，可管理的销售部门少于 10 个，PLU（Price Look Up，编码商品价目表）少于 300 个，只有 1～2 种结算方式，提供金额表、收银员经营表、部门销售表和 PLU 销售表。一类机不具备通信能力，不能作为信息系统的数据采集终端。

图 2－1 某款一类机

二类机（见图 2－2）是具备单品管理能力和联网通信能力的收款机。它具有兼容一类机的功能，并且功能更强大；可管理的销售部门超过 20 个，PLU 多于 3 000 个，以及 4 种以上结算方式；此外，它还可以连接条码扫描器、票据打印机等外部设备，从前后台打印出多种分析报表。二类机的最大特点是多台联网功能，还可以将其网络系统与计算机相连，从而实现对大型商业企业销售的全面管理。

图 2－2　某款二类机

三类机（见图 2－3）是基于 PC 的新一代电子收款机，也被称为 POS 收银机。它是计算机技术、通信技术和机械技术的综合运用，使收款机从单纯的信息采集工具进化为多功能的信息处理工具。三类机软件更丰富、更完善，它可以为后台提供一套完整的销售管理基础数据。

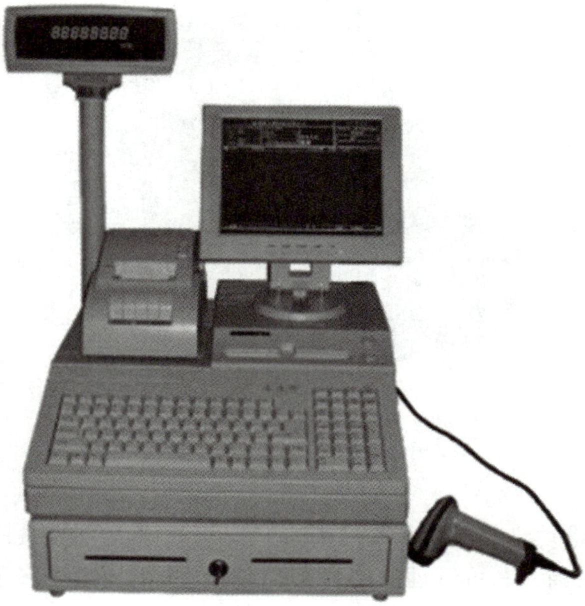

图 2－3　POS 收银机

2. 电子收银机的功能

概括起来，电子收银机主要有商品交易、信息处理和内部管理三大功能。

（1）商品交易功能。收银员利用收银机准确、高效、自动地完成售货、收款、打单、找零等交易过程。在这一过程中，收银员从事的是收银工作，收银机发挥的是商品交易结算功能。商品交易功能是电子收银机最基本的功能。

（2）信息处理功能。在使用收银机售货时，能利用商品编码与条码技术，自动采集商品销售信息并进行处理，如显示商品价格、自动累加、计算销售金额等。

小知识

二类机与一类机的差异

具备信息处理功能是二类机与一类机最大的区别。由于二类机可以将多台收银机联网，甚至与后台电子计算机联网，从而能够有效实现对大型商业企业销售的全面管理。收银机能自动储存、整理所记录的全天销售资料，可以反映每一时点、时段和即时的销售信息，提供给后台计算机进行处理；与收银机连接的打印机能打印出各种收银报表、财务报表、PLU 报表、部门报表、营业员报表、库存报表、销售分析报表等。

（3）内部管理功能。超市 POS 系统具有单品管理、部门管理、员工管理、顾客管理、货币管理和经营分析与决策等内部管理功能。

单品管理功能。POS 系统能够按照商品编码或条形码进行销售，掌握每件商品的销售去向。例如，什么时间、什么分店、什么人买了多少件哪种商品，任何一个时点、时段某种商品的销售量、库存量和采购量是多少等数据，以利于管理层制订出详细、可行的进销存计划，降低库存和提高销售能力。

部门管理功能。POS 系统能够按照商品大类或品种进行销售，掌握各大类商品或各品牌商品的销售额在卖场销售总额中所占的比例，将较差的品牌予以淘汰，从而为管理层调整商品结构、制订更详细的销售计划提供依据。

员工管理功能。通过 POS 系统强大的信息处理功能，可以随时掌握各收银员的销售业绩、财务管理和各营业员（服务员）的营业成绩等，便于将业绩与工资奖金挂钩。POS 收银机操作简单，大大减轻了收银员的脑力负担，实现了节省人力、物力、财力和提高工作效率的目标。

顾客管理功能。通过 POS 系统能够记录每位顾客的购物情况，分析卖场购物高峰及顾客购物倾向，为确定合理的商品结构提供及时、准确的科学依据，从而提高企业经营利润。

货币管理功能。POS 系统能支持现金、支票、银行卡（信用卡）、储值卡（优惠券）、外币以及手机微信、支付宝、百度钱包、手机 Pay 等多种付款方式。POS 系统利用上述货币管理功能可即时入账、直接进行电子转账和结算，加快了交易速度和准确性，实现了超市、银行和顾客三赢的局面。

经营分析与决策功能。通过 POS 系统所搜集的信息，可实时或分批上传到本店或总部的计算机（后台），结合其他部门传送过来的信息，进行实时处理、统计、分析，自动生成各种统计报表，可为决策者提供及时的综合分析信息。POS 系统有利于决策者对企业的资源进行全面规划、合理分配和使用，实现企业人、财、物、购、销、存的一体化管理，提高企业经营效率。

3. 电子收银机的构成

目前，市场上使用的电子收银机种类较多，大体上分为简单实用的电子收银机和功能较强的 POS 收银机两类（见图 2 -3）。这里我们介绍其基本构成。

（1）主机，是电子收银机的核心部分，主要由中央数据处理器和存储器组成，企业全部商品的进、销、调、存的经营管理均在该机上进行。

（2）显示器，是电子收银机的信息输出设备，由主显示器与顾客显示器（见图 2 -4）两个部分构成。顾客显示器面向顾客，用于显示顾客所购商品的金额信息。

（3）键盘，是电子收银机的信息输入和有关收银功能操作的设备。一般来说，其组成与计算机键盘相同，只是对某些功能键重新编程，以便完成收银的相关操作。

（4）电子钱箱，是收银员存放营业款的箱子。它与收银机相连，并配有电子锁控制开启，钱箱分成若干小方格，以便存放不同面额的钱币（见图 2 -5）。

（5）微型票据打印机（见图 2 -6），是电子收银机的信息输出设备。它主要用于打印销售票据，分为热敏式和针式打印机两种。

图 2 -4　顾客显示器

图 2 -5　电子钱箱

图 2 -6　微型票据打印机

（6）外部设备接口，是电子收银机与网卡、电子钱箱、条码扫描器等外部设备相连接的接口。

4. 电子收银机的外部设备

几种常见的收银机外部设备有：

（1）条码扫描器，是商品条形码的录入装置。它以条码技术为基础，确保了收银工作的快速、准确、批量、简单和实用。条码扫描器一般有手持式扫描器、固定式扫描器、平台式激光条形码扫描器、光笔等（见图 2 -7）。

（2）磁卡读写器，是会员卡、信用卡和储值卡等磁信息的读写设备（见图 2 -8）。

（3）电子秤，是商场用于称重计量商品时，能从计算机中查找价目信息并打印出商品条形码的计量设备（见图 2 -9）。

（4）调制解调器或网卡，是将收银机的数据通过电话线或网卡与局域网中的后台计算机进行数据处理等双向交流的设备。

（5）后备电源，就是通常所说的 UPS，当经营场所停电时，由电池继续向收银机供电，以确保收银工作正常进行。

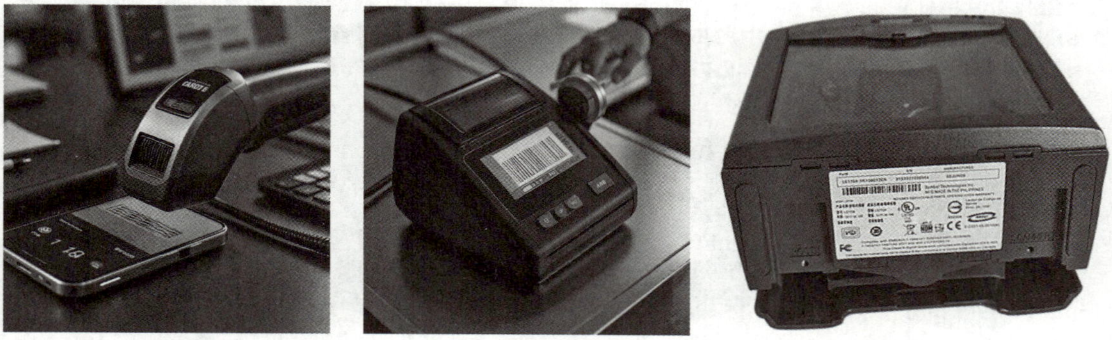

（a）手持式扫描器　　（b）固定式扫描器　　（c）平台式激光条形码扫描器

图 2－7　三种条码扫描器

图 2－8　磁卡读写器

图 2－9　电子秤

（三）触摸屏收银机

随着科技的大力发展，市场上触摸屏收银机成为当前主流的收银机之一（见图 2－10）。

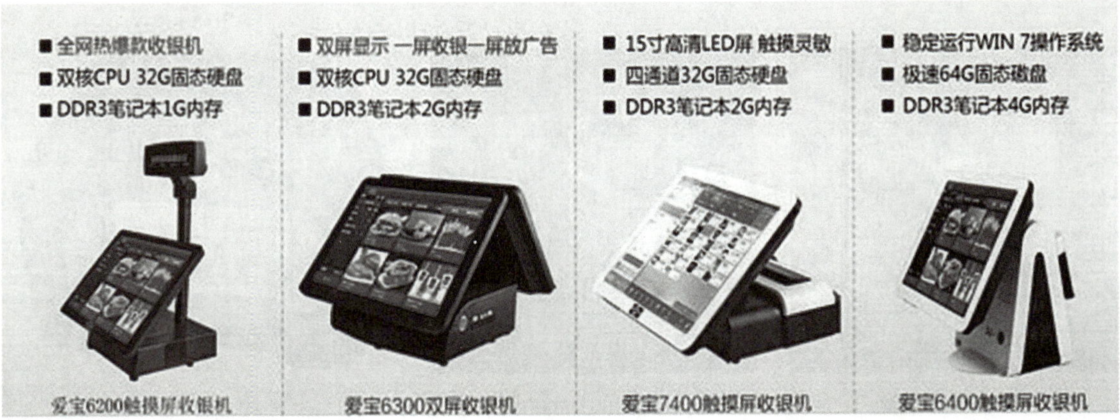

图 2－10　各类触摸屏收银机

一般触摸屏收银机具备以下功能：

（1）收银界面功能一应俱全。轻松收银，操作简单，软件大多内含支付宝、商品、收银页面、数据备份与删除、权限、报表、扫描打印和云服务等功能（见图 2－11）。

图 2－11　触摸屏收银机收银界面

（2）条码库功能支持自动入库，可帮商家自动新建商品，只需输入价格即可一键保存（见图 2－12）。

（3）支付宝收银/网络收银等。支持顾客使用支付宝、手机 Pay 等方式付款（见图 2－13）。

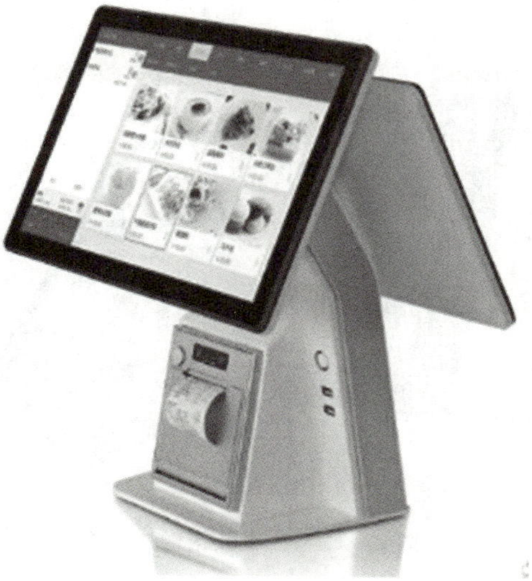

图 2－12　利用条码库新建商品

图 2－13　支持支付宝付款

（4）云服务/数据自动联网存储。数据/报表/交接班自动同步到云，储存的所有数据可以保持一致。

（5）打印功能/内置打印机。自动连接打印，无须手动搜索，打印更方便快捷（见图 2－14）。

图 2－14　自动连接打印

（6）报表功能一应俱全。可轻松查询任何时间的销售数据、销售明细和销售排行（见图 2－15）。

图 2－15　各项数据触屏查询

模块二　收银工作岗位职责

一、收银机构设置

商场、超市等零售企业都会根据本单位经营业务的实际需要以及有关部门的规定和要求，合理设置收银机构，配备一定数量的收银人员，明确收银岗位的工作职责，建立健全收银工作管理制度，以保证收银工作顺利有序地进行。

收银机构一般都隶属于财务部门。各零售企业都会根据自身的经营规模以及营业场所的大小，结合收银工作的具体情况，设置收银机构。经营规模较大的企业会在财务部门下设专门的收银部（科），收银部下设总收款室；或是直接在财务部门下设总收款室，然后在总收款室下设收银班（组），负责管理每个楼层的收银台。收银台的设置数量一般会根据营业场所的大小和收银工作量的大小来确定，使之既方便顾客交款，又便于企业管理。

二、收银岗位职责

（一）收银主管岗位职责

收银主管是商业企业整个营业场所收银工作的具体领导者，对整个营业场所的收银工作负责，直接归分管经理领导。作为收银主管，要熟悉本企业关于货币现金的管理制度，熟练掌握收银的全套操作流程和操作规范，具有简单的人事管理知识和较强的人事协调能力。

收银主管岗位工作职责包括以下 7 个方面：

（1）对分管经理负责，在分管经理指导下开展收银工作。

（2）制订本部门的工作计划并负责具体落实。

（3）负责对收银人员进行专业知识和技能的培训，并指导班（组）长的日常工作。

（4）主持收银工作例会、班（组）长例会。

（5）审阅收银工作的各种报告、单据、资料和文稿。

（6）负责控制现金差异和保证现金安全。

（7）做好与其他部门的协调工作。

（二）收银班（组）长岗位职责

收银班（组）长直接管理每个营业层面上的收银员，上对收银主管负责，下对收银员负责。具体来说，收银班（组）长岗位职责包括以下6个方面：

（1）在收银主管的直接领导下，全面负责分管营业层面的收银工作，带头遵守公司的规章制度，并监督收银员贯彻落实的情况。

（2）主持召开晨会，传达企业及本部门的有关规定，落实本部门工作计划。

（3）认真履行班（组）长工作职责，积极配合主管搞好本营业层面的现场管理工作，包括合理安排当班收银员；电子收银机的日常维护；查询当天收银密码、开机台、为收银员准备工作用品；监督检查收银员收银过程中出现的问题；保持收银台区域卫生及对“孤儿”商品的归放与统计；班次结束后，负责打印班结、日结表；营业结束后，对收银区的全面检查等日常管理工作。

（4）组织本班组成员开展优质服务，督促检查使用文明用语的情况。

（5）为收银员做好收银后勤服务工作，如调剂正常营业收银所需零用金、准备各种办公用品等，并协助收银员处理各种业务问题。

（6）具体指导收银员收款的规范操作，监督检查收银员工作中的操作规程，不断提高收银员的操作技能，保证日常收银工作的正常进行。

（三）收银员岗位职责

收银员具体负责货币资金的收取，而且直接与顾客打交道，代表着本公司的形象。所以，收银员不但要认真细致，防止差错的发生，而且要有理有节、热情周到。收银员岗位职责主要有以下10个方面：

（1）在楼层收银班（组）长的直接领导下，严格遵守公司的各项规章制度，服从上级的工作安排。

（2）严格执行班次安排，每天早上按时参加晨会，做好重要事项的记录以及营业前的各项准备工作。

（3）严格按收银工作程序进行收款操作，正确受理现金、支票、信用卡、会员卡、优惠卡等业务，按规定开具销售发票。

（4）认真遵守企业的各项规章制度和纪律，不带现金及私人物品上收银台，严格审核优惠券销售权限及退货、退款批准手续，并按规定程序办理。

（5）工作期间实行站立服务，主动热情，礼貌待客，唱收唱付，接待、送别顾客时要使用文明礼貌用语。

（6）收款仔细认真，操作准确无误。一旦操作失误，必须及时写出操作说明，报收银科（部）批准后，通知信息中心改正。

（7）负责电子收银机的日常维护、保养。在收银过程中发现如收银机反应慢、商品条码非法等问题，及时向班（组）长反映并做记录。

（8）负责对每日所用款台及收银机进行清洁工作，达到手摸无尘的标准。保管好收银台内的所有物品，出现问题，承担相应的责任。

（9）合理使用备用金，节省费用开支。

（10）增强防盗防骗意识，加强对假币、假票据的甄别，切实维护企业的经济利益。

议一议

一天，某商场的营业即将结束，此时店里顾客稀少，收银台前也冷清了许多，只有一位中年男子在收银台前结账。收银员按标签打价，当打到冷冻商品时，发现标签失落，该收银员即进入商场查询价格，离台时间大约 1 分钟，当收银员回到岗位时，发现那位中年男子已不知去向，收银机票箱也被打开，放在左侧的票面为 100 元的营业款全部被盗，损失 5 000 余元。

分析：这个案例告诉我们，收银员放松防范意识，违反收银作业纪律，离开收银台时钱箱不上锁，就有可能造成重大的经济损失。

三、收银工作要求

（一）收银主管的工作要求

1. 营业前的工作要求

（1）参加企业例会，主持召开收银工作例会，传达、执行企业政策，解决工作中的难题，表扬优秀收银人员，分析企业的经营业绩。

（2）查看企业最新文件、收银员交接记录、电子邮件及销售报表，了解卖场近期的销售情况。

（3）检查收银员的出勤、着装等情况，对未到岗的人员做出相应的调整。

（4）为收银员发放备用金及兑换零钞，与财务交接各种单据，如银行 POS 机的签购单、回收的本店优惠券、收银员交款单等。

2. 营业中的工作要求

（1）落实企业例会精神，并检查执行情况。要落实企业例会的要求，随时对落实情况进行检查，并根据检查情况调整工作计划。

（2）及时传达临时指令并检查落实情况。对于营业中接到的上级指令要及时传达，并对员工掌握情况进行检查。

（3）及时与有关部门沟通，解决收银工作中出现的问题。比如，向收银监察员和财务人员了解收银员工作中存在的问题，对银行卡出现的问题与有关银行协调解决，向顾客了解收银员的服务情况，发现问题及时调整。

（4）营业期间，根据营业状况随时调整收银台开台数量和开台位置，检查收银员的交接班情况。

（5）检查各个岗位的工作情况。应经常检查收银班（组）长是否按岗位职责的要求开展工作，抽查收银员的操作是否规范，收银时是否使用文明礼貌用语，是否做到唱收唱付。

（6）检查收银机运行是否正常，对营业中电子收银机出现的非正常情况及时上报，对出现故障设备的维修情况进行跟踪。

（7）处理收银工作中的各种投诉，并向分管经理及时反馈。

（8）记录当班收银情况，与下一班收银主管交接工作。

3. 营业后的工作要求

（1）检查各收银台机器关机及营业结束后的工作情况。查看电子收银机是否关机并退出营业状态，对所有银行卡进行结账并关闭银行 POS 机设备，将所有收银设备关闭并罩好防护罩，将所有收银用品交至指定地点。

（2）在防损员的陪同下收取营业款、备用金及各种单据，并与银行做好营业款交存工作。

（3）向收银监察员了解当前收银工作中操作失误的情况。

（4）检查备用金的清点情况，锁好保险柜，将保险柜钥匙放到指定位置。

（二）收银班（组）长的工作要求

1. 营业前的工作要求

（1）了解当日促销商品及促销活动的注意事项。

（2）点名，开班前会；检查收银员仪容仪表并对缺勤、迟到的收银员进行登记。

（3）检查收银员是否做好收银台范围内的清洁卫生工作。

（4）检查收银设备是否正常。帮收银员开备用金柜、收银机键盘、钱箱，并检查收银机、银行 POS 机的工作是否正常，如果有问题及时通知维护人员解决。

（5）组织本班（组）收银员到指定地点领取备用金、零钞、购物袋、打印卷纸等。

2. 营业中的工作要求

（1）监督收银员的正常工作，收银员不得擅自离开，同时还需留意收银员操作及入机的款项是否正确，是否有多收、少收和扣数的现象，发现问题及时解决。

（2）营业期间接到上级要求传达的指令，必须及时传达到每一位收银员，并监督落实。

（3）协助解决收银操作上的问题，如识别伪钞、找零钱、收大数、抽查收银机款项是否准确。

（4）协助解决收银员在收银中遇到的问题，如无条码问题、价格错误等，帮助收银员更正错误。

（5）与金库清点钱袋，兑换零钞，换取发票、销售退回证明。

（6）根据客流量安排增减收银人员和连班人员休息等。

（7）处理顾客投诉，解决收银故障问题。

（8）帮助处理特殊购物（集团购物、支票购物、大宗购物）问题。

（9）收取时段现金。

（10）做好收银员的其他工作安排，如安排员工就餐、轮休午餐等。

3. 营业后的工作要求

（1）检查收银员是否按要求关机，收银设备及办公用品是否按要求摆放，卫生是否打扫干净。

（2）检查购物袋、打印纸等物料用品的存量，结合次日的预计销售情况，及时通知有关人员补充。

（3）检查收银员交款单等凭证的填写情况。

（4）抽查收银员备用金的留存情况。

（5）搜集第二天商品物价信息并及时公布。

（三）收银员的工作要求

1. 营业前的工作要求

（1）按规定时间签到（或打卡）、集合、参加班前会，然后到指定地点领取备用金，并在登记本上签名，兑换好充足的零钞，当面点清。

（2）领用发票及办公用品。发票用完时到总收款室登记，在发票领用登记簿上登记注销并签字领用新发票，对于急需的办公用品应及时领取。

（3）整理补充必备的物品，包括各种型号的购物袋、点钞油、各种记录本及表单、胶带、胶台、干净抹布、空白收银条、“暂停收银”牌等。

（4）清洁、整理收银作业区，包括做好收银台、包装台、收银机、收银柜台四周的地板、垃圾桶、购物篮、手推车放置处的清洁卫生。

（5）打开收银机，检查收银机工作是否正常，包括发票存根联及收银联的装置是否正确、号码是否相同、日期是否正确、收银机内的程序设定和各种统计数值是否正确或归零。

（6）调整收讫章的日期和信用卡压卡机的日期，做好 POS 机的开机准备工作。

（7）了解当日促销活动事项，整理仪容、仪表。

（8）当营业铃声响起，所有收银员停止各项准备工作，按规范姿势站立迎宾，迎宾期间不得随便外出。

2. 营业中的工作要求

（1）认真接待每一位顾客，及时做好收款工作。收银员应及时接待每一位到收银台交款结账的顾客，不得以任何理由推诿。商场收银员应根据顾客交来的销售小票，通过键盘将商品名称、数量、单价等信息输入收银机（以下简称输机）并核对，经确认无误后收款、打单。收款后，将销售小票、发票连同零钱一同交给顾客。超市收银员在输机前应询问顾客是否需要购物袋，若需要，拿出购物袋扫码计价后打开放在收银台上，收款后将商品逐一放入。

（2）超市收银员应规范地对商品进行扫描输机。在进行扫描输机时，应站姿端正，身体与收银台、收银机保持适当的距离，不应靠在收银台上。在扫描器最敏感的地方按扫描器箭头方向划过商品，当听到“嘟”的声响后，即表明扫描器完成信息扫描。

注意：

扫描器与商品应保持适当的距离，不能将商品在扫描器上摩擦，或在扫描器上不停地晃动。

（3）超市收银员在对商品进行扫描输机时应合理把握先后顺序。收银员应先将顾客手中拿着的商品、放在收银台下面的商品以及易碎的商品扫描输机，以避免漏输或打坏商品。当商品的条码扫描不出来时，应将该商品暂时放在一边，待其他商品扫描完毕，一起改用手工输入，不得用不同条码的同价商品代替该商品输入收银机。对于店内码销售的商品，收银员可直接使用键盘手工输入电子收银机。

（4）应检查顾客所购商品是否全部输入收银机，确保不漏输。商品全部输入收银机后，收银员要询问顾客是否还有其他商品，同时要留意顾客手上或身上是否还有未输机的商品，对顾客随身携带的纸袋、购物袋等，应礼貌地请顾客协助检查。

（5）认真核对所售商品的信息，确保商品销售不出差错。商品输入收银机后，要认真核对商品与显示器显示的品名、规格、单价、数量，当收银机显示的商品与实物不符时，可能是售货柜台打错价格，此时应叫来收银监察员进行证明，然后按低标价出售给顾客，差价由柜台负责人赔偿，收银员应向收银主管或相应柜组汇报此情况。如商品品名、规格、条码不符或商品无条码时，应委婉地向顾客解释，并及时通知有关人员进行更换。能打开外包装的商品或封口有被开启过的商品，必须打开包装，并将实物与计算机显示的商品名称、条码、规格逐一进行认真核对。

（6）应规范更正错误的输机记录。在未结算前发现输入错误时，应在收银监察员的监督下使用【更正】【取消】键，并将计算机小票交收银监察员保留备查。

（7）应规范地对商品进行消磁。消磁工作应在商品输入收银机并与实物核对无误后进行。凡有硬标签的商品，应每扫一个就用解码器取下一个，硬标签取下后，如顾客不要此商品或需要更换时，收银员将商品取消后，要及时将硬标签扣回原位。有软标签的商品应在消磁板上进行消磁。在消磁板上对软标签消磁时，不要将商品在消磁板上来回摩擦，要注意爱惜商品。如果顾客出门时报警器报警又返回收银台消磁，收银员此时需先查看计算机小票，确认该商品顾客已经购买后再消磁，并礼貌地向顾客道歉。

（8）应规范收取顾客的现金，预防差错的发生。收取顾客支付的现金时，应首先确认顾客支付的金额，告知顾客“收您××元”，并检查是否为假钞，然后将顾客的现金以磁铁压在收银机的磁盘上。如果需要找钱给顾客，应迅速找出正确零钱，并将大钞放下面，零钱放上面，双手将现金连同发票交给顾客，并告知顾客“找您××元”，待顾客没有疑问时，立刻将磁盘上的现金放入收银机的抽屉内并关上。

（9）应注意把握商品的装袋顺序。

（10）对于挂单商品要及时放在收银台下面妥善保管，待顾客返回后，先按住挂单键再将商品拿到收银台上。

（11）在将商品交给顾客时，应一手提着购物袋，另一手托着购物袋的底部，然后将商品交给顾客。注意一定要等顾客将商品拿稳后，才可将双手放开。在确定顾客没有遗忘购物袋后，面带笑容，目送顾客离开。

（12）收银员在整个收银过程中，眼睛的余光要随时留意收银通道，以防商品丢失。其他收银员正在操作时，无特殊情况不得影响其操作。相邻收银台正在接待顾客，而本收银台在无顾客的情况下，可以帮助其留意收银通道或者留意是否有商品漏输及其他操作失误的现象。

（13）收银员在进行收银作业时，不可擅离收银台，以免造成钱币损失，或引起等候结算的顾客的不满与抱怨。如果收银员在营业期间要离开工作岗位、离开收银台时，要将“暂停收款”牌放在收银台上，用链条将收银通道拦住，将现金全部锁入收银机的抽屉里，钥匙必须随身带走或交值班班长保管，将离开收银台的原因和回来的时间告知邻近的收银员，离开收银机前，如还有顾客等候结算，不可立即离开，应以礼貌的态度请后来的顾客到其他的收银台结账，并为等候的顾客结账后方可离开。

（14）应及时办理顾客的商品退货手续。如顾客要求退货，经确认符合退货条件的，应当及时予以退货。退货时，营业员应正确填写顾客退货单，并由值班班长签字同意，方可退货。将填妥的顾客退货单、销货凭单、收银条，连同顾客一起带到收银台。收银员核对退货单、销货凭单、收银条后，根据具体付款方式，办理退款手续。如顾客开具了发票，需将发票退回收银台。顾客收到退货款，确认无误后，在退货单上签字，收银员签字盖章。收银员将收银条钉在顾客退货单上，打烊时，同收银尾款一起封包交到指定地点。打烊前根据退货单的合计金额，将退货金额填入收银员结账单的退货栏。

（15）收银员当班期间不得随意外出、串岗、购物、闲谈、说笑或进入其他收银台，要随时注意收银台前和视线所及的卖场内的情况，以防止不利于企业的异常现象发生。

（16）收银员在营业时身上不可带有现金，收银台上除茶水外，收银员不可放置其他任何的私人物品。收银员不可任意打开收银机抽屉查看或清点现金。

（17）不启用的收银通道必须用链条拦住，如果不启用的收银通道也开放的话，会使一些不良顾客不结账就将商品带出。

（18）就餐时间，收银员应按规定时间分批去就餐。就餐期间，相邻的收银台不准空置。各收银台收银员在当班期间，不准以各种理由随意外出。

3. 交接班工作要求

（1）收银员交接班时，首先，交接班人员应迅速将营业款、购物卡等放入钱袋，退出自己的密码，并将所有办公用品与接班人员一一清点、交接清楚，然后，接班人员输入自己的密码，放入备用金，核对操作员号码，立即进行收银。交接班时，若有顾客等待付款，应礼貌地向顾客解释：“对不起，我们正在交接班，请稍候。”

（2）交接班时，如果客流量较大，相邻的收银台应轮流交接班，不能同时交接班。交接班应在一笔交易完成之后进行，而不能在交易中途进行。交接班时，不能以正在交接班为由拒绝为顾客服务。

（3）每天上午班与下午班的收银员，要在最短的时间内做好营业款、备用金及其他有关事宜的交接工作。下午班交接人员到岗后，上午班人员方可到总收款室交款。交款时，收银员必须按规定的交款路线行走，速去速回。在交款途中，不准无故停留、与他人闲谈，更不准对自己的钱箱置之不理。交完班的人员按规定不准无故在收款台、售货区长时间停留。

4. 营业结束时的工作要求

（1）清点备用金，整理银行卡单，汇总各种抵用券。营业结束时拿好备用金、营业款及各类单据，到指定地点做单（缴款单等）；金额超过 3 万元的需请防损员保护，并按公司规定的金额留存备用金；清点备用金应首先从面额较小的开始清点，点完后应复核一遍。

（2）按规定填写缴款单。填写现金缴款单时，应将现金全部点清并整理好，复核一遍确认无误后，再根据现金面额逐一填写缴款单。要按公司规定格式填写缴款单，要求字迹工整，不得涂改。填写完毕后，复核缴款单的小计、合计是否正确，然后用计算器直接将现金加一遍，并与缴款单的合计金额核对，最后再检查一遍缴款单的内容是否完整，确认无误后，将现金缴款单的第二联与营业款装入现金袋内，并将其锁好。

（3）上交备用金、银行卡单和各种购物卡。将收回的购物卡及银行单据用橡皮筋扎好后再放入卡袋内，以避免丢失。拿好现金袋、卡袋到指定地点，在登记簿上签名后交收银主管签收，并将备用金有序地放入保险柜内。

（4）自觉维护做单区内的环境卫生。做单完毕后，要及时将办公用品送回到各收银台，并做好收银台及台前陈列商品的卫生清洁工作。

5. 下班时的工作要求

（1）营业结束前 10 分钟，收银员清点营业款项，等到商场顾客离开后，打交易取消条，将 POS 机结账，并在结账单上注明台号；填收银员结账单，将收银机退出工作状态，然后按规定程序关机，锁好公章及办公用品，交出钥匙，罩好机罩，把购物袋挂好。

（2）签字离岗，到总收款室交钱袋。但每个收银员不得以下班为由拒绝前来结账的顾客。

（3）每个收银台均放有一个钱袋（有的是钱箱），不准代存钱袋。到总收款室应先出示“收银员出入证”，存完钱袋后，要在“钱袋登记表”上签字，不得代签、不签，拿好取袋卡，次日凭卡领取钱袋。

提示：

收银员到总收款室交款时，必须按规定的交款路线行走，速去速回。中途不准无故停留或与他人闲谈，并全力保管好所带钱箱。

模块三　商品编码与条码

一、商品编码

商品编码是指一组用于标识商品的阿拉伯数字。商品编码与商品条码是两个不同的概念。商品编码是代表商品的数字信息，而商品条码是表示这一信息的符号。同一商品在不同的经营店内会有不同的编码；而在同一经营店内，一种商品则只有一个编码。商品编码主要是商家为方便计算机对其所经营的商品进行分类管理，通过输入店内唯一的商品编码，电子收银机可以查询该商品的价格、品名、产地、归属类别、库存数量、供应商等商品信息。

在对商品进行编码时，应遵守以下基本原则：

（1）唯一性，即每个商品只有唯一的编码。

（2）稳定性。稳定性原则是指商品标识代码一旦分配，只要商品的基本特征没有发生变化，代码就应保持不变。

（3）统一性。统一性是指商品编码与国家商品分类编码标准相一致。

（4）无含义性。无含义性原则是指商品编码中的每一位数字都不表示任何与商品有关的特定信息。有含义的编码通常会导致编码容量的损失。厂商在编制商品项目代码时，最好使用无含义的流水号。

商品编码在POS收银系统中又被称为PLU（Price Look Up），本义是“价格查找”，在POS收银系统中的含义就是“编码商品价目表”。当收银员输入所售商品的编码时，电子收银机即可显示和打印出该商品的价格、品名、类别等价目信息。因此，利用商品编码进行销售的方式就称为“PLU销售方式”。PLU的各类信息是在计算机中预置的，包括商品编码、商品名称、销售价格、归属类别、库存数量等。各类零售企业一般于开业前在计算机中建立所经营商品的PLU库存，这样便于商品的经营和管理。而且，随着经营规模和商品品种的变化，可以随时调整PLU库存。例如，追加货源时，可以追加商品PLU的库存数据，撤销某个商品品种时，则直接删除计算机中该商品的PLU。利用PLU还可以详细查阅商品信息，同时也可以打印商品PLU报表。

利用商品编码进行商品销售时，在前台收银机上主要利用收银机键盘手工输入商品编码和输机方式。顾客选好商品后，持营业员填写的销售凭证（又称为交款单、销售小票、售货小票）到收银台交款，收银员依据顾客交来的销售凭证，用收银机键盘将商品的编码、数量等信息输入电子收银机，通过查询和数据处理，电子收银机就会显示出该商品的品名、类别、单价等价目信息，计算出销售金额，并打印出销售清单或销售发票。

利用商品编码进行销售具有准确可靠、数据输入速度快、实用性强等优点。一般实行开放式售货的零售业态，如百货商店、购物中心、专卖店等均采用这种销售方式。

二、商品条码

商品条码亦称“商品条形码”，是适应计算机的发展而发展起来的一种高速准确的数据输入技术，是在流通领域中用于标识商品的全球通用的条码。它由一组规则排列的条、空及其对应代码组成，是表示商品特定信息的标识。商品条码的条、空组合部分称为“条码符号”，对应符号部分由一组阿拉伯数字组成，称为“条码代码”。条码符号和条码代码相对应，表示的信息一致。条码符号用于条码识读设备扫描识读，条码代码供人识读。

商品条码利用收银机作为终端，与主机相连，并借助于光电识读设备录入商品信息，将带有条码符号所表示的信息录入计算机，计算机从数据库中查找出该商品的名称、价格等，经过数据处理，打印出结算清单，并记录每一笔销售情况。商品条码一般印在商品包装上，或制作成条码标签附在商品上。对于小批量的产品，条码也可印在不干胶上。

商品条码是实现商业现代化的基础，是商品进入超市的入场券。在超市中，当顾客采购商品完毕在收银台前付款时，收银员只要拿着带有条码的商品在装有激光扫描器的台上轻轻掠过，就把条码下方的数字快速输入计算机，通过查询和数据处理，机器可立即识别出商品制造厂商、名称、价格等商品信息并打印出购物清单。这样不仅可以实现售货、仓储和订货的自动化管理，而且通过产、供、销信息系统，可以使销售信息及时为生产厂商所掌握。

提示：

条码是经济、实用的一种自动识别技术。条码功能强大，输入方式具有速度快、准确率高、可靠性强等特点，条码技术在商品流通、工业生产、信息服务等领域获得了广泛的应用。

条码技术具有以下5个方面的特点：

(1) 输入速度快。与键盘输入相比，条码输入的速度是键盘输入的5倍，并且能实现“即时数据输入”。

(2) 可靠性高。键盘输入数据出错率为三百分之一，利用光学字符识别技术出错率为万分之一，而采用条码技术误码率低于百万分之一。

(3) 采集信息量大。传统的一维条码一次可采集几十位字符的信息，二维条码可以携带数千个字符的信息，并有一定的自动纠错能力。

(4) 灵活实用。条码标识既可以作为一种识别手段单独使用，也可以和有关识别设备组成一个系统实现自动化识别，还可以和其他控制设备连接起来实现自动化管理。

(5) 条码标签易于制作，对设备和材料没有特殊要求，识别设备操作容易，不需要特殊培训，且设备也相对便宜。

当前，国际上有通用于欧洲的EAN条码、通用于美国和加拿大的UPS条码两大系统。EAN条码与UPS条码可以兼容，它们分属于国际物品编码协会（EAN）和美国统一代码委员会（UCC）。加入条码组织的会员国可以获得该组织分配的国际统一编号前缀。我国推广应用EAN条码。

商品条码有标准版（EAN－13）和缩短版（EAN－8）两种，缩短版商品条码用于面积较小的特殊商品包装。标准版EAN代码由13位数字构成，称为“EAN－13代码”，其中由3位国家代码、4位厂商代码、5位商品代码和1位校验码构成。制造厂商代码由中国物品编码中心分配，商品代码由厂家编定，校验码是为了防止误读而设置的。如听装健力宝饮料的条码为6901010101098，其中690代表我国EAN组织，1010代表广东健力宝公司，10109是听装饮料的商品代码。这样的编码方式就保证了无论在何时何地，6901010101098唯一对应该种商品。商品条码中的商品项目代码由厂商自行编制，表示商品的类别、规格、包装形式等信息。根据商品项目代码编制唯一性原则规定：不同的商品必须编制不同的商品项目代码，同一商品的不同种类、规格、包装、颜色等也应视为不同的商品，编制不同的代码。

市场上的商品条码有很多种，最常用的是EAN13条形码（见图2－16），EAN13条形码是一种广泛使用的商品条形码标准。

前缀码：这部分用于标识商品的生产国家或地区。EAN13条形码的前缀码通常由3位数字组成，用于区分不同的国家和地区。

厂商识别码：用于标识生产该商品的厂商或品牌。这部分代码通常由特定的数字或数字组合表示，以确保每个厂商有唯一的标识。

商品项目代码：这部分用于标识具体的商品项目。它通常由一系列数字组成，用于区分不同的商品种类或型号。

校验码：用于验证条形码的正确性。校验码通过特定的算法计算得出，用于确保条形码的准确性和可靠性。

图 2－16　EAN 条码示意图

商品条码的两侧空白区表示条码识读的开始和结束，GB12904 规定了其最小尺寸。在应用中，商品条码两侧空白区不得小于标准要求，同时空白区中不能有字符、图形、污损、划痕等，以保证条码能够正确识读。

商品条码的条、空颜色对比越强烈，条码扫描器就越容易识读条码。GB12904 对条码的颜色搭配作了严格规定。商品条码条、空颜色搭配的概念不同于人眼所见的颜色对比，是指商品条码的条色和空色对扫描光反射率的比值。

条码技术作为数据标识和数据自动输入的一种手段，已被人们广泛利用，渗透到计算机管理的各个领域。目前，商品条码广泛运用于 POS 系统、仓储管理、交通管理、金融文件管理、商业文件管理、病历管理、血库血液管理以及各种分类技术方面。商品条码应用在 POS 系统上，不仅实现了商品进、销、存的自动化管理，而且为顾客提供了最优质的服务，极大地提高了超级市场的经营质量和管理效率。

小资料

条码的产生与发展

条码最早出现于 20 世纪 40 年代，实际应用和发展大概是在 20 世纪 70 年代。现在世界上的各个国家和地区都已普遍采用了条码技术。

在 20 世纪 40 年代，美国的乔·伍德兰德（Joe Wood Land）和伯尼·西尔沃（Berny Silver）两位工程师开始研究用代码表示食品项目及相应的自动识别设备，并于 1949 年获得了美国专利。10 年后，乔·伍德兰德作为 IBM 公司的工程师，成为北美统一代码 UPC 码的奠基人。以吉拉德·费伊塞尔（Girard Fessel）为代表的几名发明家，于 1959 年申请了一项专利，描述了数字 0～9 中每个数字可由七段平行条组成的方法。不久，E. F. 布宁克（E. F. Brinker）申请了另一项专利，该专利是将条码标识应用在有轨电车上。20 世纪 60 年代，斯西尔沃尼亚（Sylvania）发明的一个系统被北美铁路系统采纳。这两项可以说是条形码技术最早期的应用。

1970 年，美国超级市场 AD HOC 委员会制定出通用商品代码 UPC 码，UPC 码首先在杂货零售业中试用，这为以后条形码的统一和广泛采用奠定了基础。1972 年，蒙那奇·马金（Monarch Marking）等研制出库德巴（Codebar）码。至此，美国的条形码技术进入新的发展阶段。

1973 年，美国统一代码委员会（简称 UCC）建立了 UPC 条码系统，实现了该码制的标准化。

1976 年，在美国和加拿大的超级市场上，UPC 码的成功应用给人们以很大的鼓舞，尤其是欧洲人对此产生了极大兴趣。次年，欧洲共同体在 UPC－A 码基础上制定出欧洲物品编码 EAN－13 和 ENA－8 码，签署了《欧洲物品编码》协议备忘录，并正式成立了欧洲物品编码协会（简称 EAN）。

从 20 世纪 80 年代中期开始，我国一些高等院校、科研部门及一些出口企业把条码技术的研究和推广应用逐步提到议事日程。一些行业，如图书、邮电、物资管理部门和外贸部门已开始使用条码技术。1988 年 12 月 28 日，经国务院批准，国家技术监督局成立了中国物品编码中心。该中心的任务是研究、推广条码技术，组织、开发、协调、管理我国的条码工作。

在经济全球化、信息网络化、生活国际化、文化国土化的资讯社会到来之时，起源于 20 世纪 40 年代、研究于 20 世纪 60 年代、应用于 20 世纪 70 年代、普及于 20 世纪 80 年代的条码与条码技术及各种应用系统，引起世界流通领域里的大变革。20 世纪 90 年代的国际流通领域将条码誉为商品进入国际计算机市场的“身份证”。印刷在商品外包装上的条码，像一条条经济信息纽带，将世界各地的生产制造商、出口商、批发商、零售商和顾客有机地联系在一起。这一条条纽带，一经与 EDI 系统相连，便形成多项、多元的信息网，各种商品的相关信息犹如投入了一个无形的、永不停息的自动导向传送机构，流向世界各地，活跃在世界商品流通领域。

实战演练

一、不定项选择题

1. 收银工作组成要素主要包括（　　）。

A. 收银人员　　B. 收银岗位

C. 收银场所　　D. 收银工作系统

2. 收银人员包括（　　）以及收银监察主管和收银监察员等所有从事与收银工作有关的人员。

A. 收银员　　B. 总收款室人员　　C. 收银主管　　D. 收银班（组）长

3. 从性质上看，收银员是财务部门的（　　）岗位派往营业第一线收取货币资金的派出人员。

A. 出纳　B. 会计　C. 工资核算　D. 收银监察

4. 收银机构一般设在财务部门的下面，隶属于（　　）。

A. 财务部门　B. 后勤部门　C. 收银部门　D. 销售部门

5. POS 系统的主要构件包括（　　）三部分。

A. 电子收银机　B. 收银软件

C. 后台计算机　D. 电子扫描器

6. POS 系统能支持的付款方式包括（　　）。

A. 现金　B. 支票　C. 银行卡　D. 储蓄卡

7. 收银机主要有（　　）三大功能。

A. 商品交易　B. 信息处理　C. 内部管理　D. 内部控制

8. 超市 POS 系统具有（　　）以及货币管理和经营分析与决策等内部管理功能。

A. 单品管理　B. 部门管理　C. 员工管理　D. 顾客管理

9. 电子收银机由（　　）以及微型票据打印机和外部设备接口构成。

A. 主机　B. 显示器　C. 键盘　D. 电子钱箱

10. 电子收银机常见的外部设备有（　　）和后备电源。

A. 条码扫描器　B. 磁卡读写器

C. 电子秤　D. 调制解调器或网卡

11. 商品编码是指用一组阿拉伯数字标识商品的过程，这组数字称为（　　）。

A. 代码　B. 条码　C. 条码符号　D. 条码标识

12. 扫描器又称为商品条码阅读机，一般包括（　　）。

A. 光笔　B. 手握式扫描器

C. 固定式扫描器　D. 激光扫描器

13. 商品条码的条、空组合部分称为（　　）。

A. 条码标识　B. 条码符号　C. 条码信息　D. 条码代码

14. 商品条码最早出现于 20 世纪（　　）。

A. 20 年代　B. 30 年代　C. 40 年代　D. 50 年代

15. 标准版 EAN 代码由（　　）位数字构成。

A. 8　B. 10　C. 13　D. 15

16. 在对商品进行编码时，应遵守（　　）基本原则。

A. 唯一性　B. 稳定性　C. 统一性　D. 无含义性

二、判断题

1. 发票和印章涉及企业的利益和权益，应加强保护，不得随意乱放。（　　）

2. 收银员每天下班以前，要认真将销售凭证等原始凭证装订好，连同当日收取的货币资金一并交到总收款室，结清当日账务。（　　）

3. 收银台的位置和数量一般应根据卖场通路的设置方法、客流量、单个顾客购买额以及销售方法来确定。（　　）

4. 收银员掌握的基本技能包括会计数码字的书写技能、点钞与验钞技能、计算技术和电子收银机的使用技能等。 ( )

5. 收银员只负责货币资金的收入、保管、核对与上交以及货币资金的支付。 ( )

6. 收银员在工作期间应实行站立服务、主动热情、礼貌待客、唱收唱付，接待、送别顾客要使用文明礼貌用语。 ( )

7. 当顾客来到收银台前交款结账时，收银员如果有事情，可以不理睬顾客。 ( )

8. 超市收银员在进行扫描输入时，应站姿端正，身体与收银台、收银机保持适当的距离，不应靠在收银台上。 ( )

9. 消磁工作应在商品信息输入收银机并与实物核对无误后进行。 ( )

10. 收银员在整个收银过程中，眼睛的余光要随时留意收银通道，以防商品流失。 ( )

11. 如顾客要求退货，经确认属于符合退货条件的，应当及时予以退货。 ( )

12. 收银员当班期间可以随意外出、串岗、购物、闲谈、说笑或进入其他收银台。 ( )

13. 交接班时，可以以正在交接班为由拒绝为顾客服务。 ( )

14. 同一商品在不同的经营店内会有不同的编码，而在同一经营店内同一种商品则只有一个编码。 ( )

15. 利用商品编码进行销售，具有准确可靠、数据输入速度快、实用性强等优点。( )

16. 商品条码有标准版（EAN－13）和缩短版（EAN－8）两种。 ( )

三、简答题

1. 百货商店和超级市场如何设置收银台？
2. 电子收银机由哪些部分构成？其外部设备主要有哪些？
3. 电子收银机有哪些功能？
4. 简述收银班（组）长岗位职责。
5. 简述收银员岗位职责。
6. 对商品进行编码时，应遵循哪些基本原则？
7. 简述 EAN 码的构成。

四、实操题

1. 到超市或实训基地了解电子收银机的构成和配套的外部设备。

【实训目的】熟悉收银环境、电子收银机的构成部件和外部设备。

【实训要求】选择一家超级市场或实训基地，详细了解其使用的是哪个品牌的电子收银机，由哪些部件构成，配有哪些外部设备。

2. 到超级市场了解各种商品的编码和条码。

【实训目的】掌握商品编码和条码的相关知识。

【实训要求】记录你所看到的各类商品的编码和条码以及收银员对商品进行扫描的工作情况。

项目三
收银业务操作

【知识目标】

1. 了解条码扫描器的种类。
2. 掌握条码扫描和商品消磁方法以及例外处理方法。
3. 掌握收银员四个营业时段的工作流程。
4. 掌握收银业务操作流程和工作要点。
5. 掌握收银工作中常见突发情况的处理技巧。
6. 了解和掌握 POS 管理软件的操作方法。

【技能目标】

1. 能熟练操作各种收银机，包括现金收银机、POS 机以及相关收银软件。
2. 能高效结算，提升收银速度，确保交易准确无误。
3. 能准确识别真假币，防止被欺诈。
4. 能快速识别商品编码，优化收银流程。
5. 能提供友好专业的顾客服务，提升顾客满意度。

【素质目标】

1. 提升收银员的思想政治素养，使其积极投身于企业的发展和社会建设。
2. 树立收银员的正确世界观、人生观和价值观，引导其树立正确的职业理想和职业道德观念。
3. 提高收银员诚信意识和廉洁自律意识，确保其在工作中能坚守职业道德底线，不贪污、不挪用公款。
4. 培养收银员的服务意识和奉献精神，使其能够始终以客户为中心，提供热情、周到、细致的服务。
5. 培养收银员的团队精神和协作意识，互相帮助、互相学习，营造良好的工作氛围。

【思维导图】

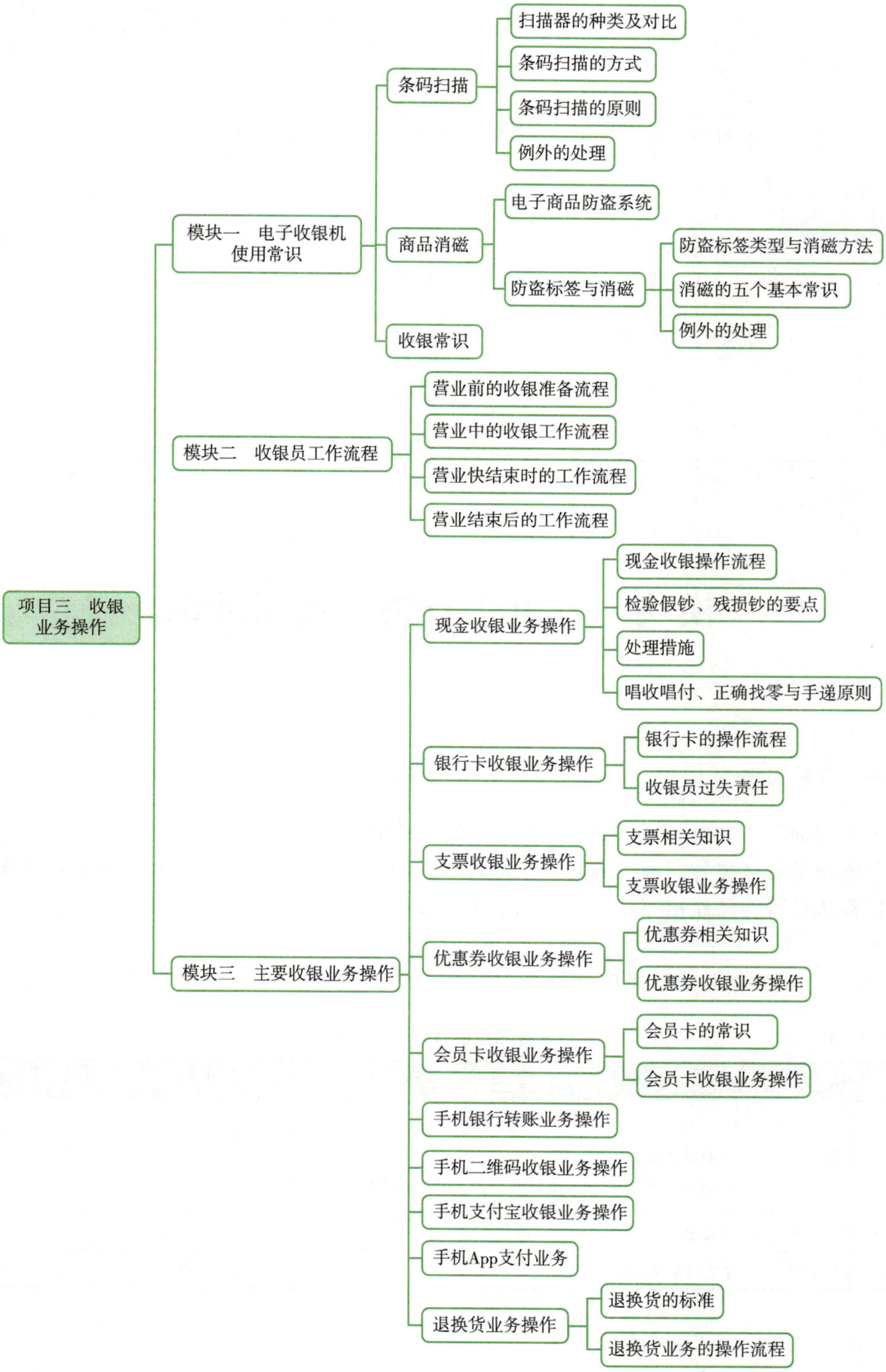
项目三 收银业务操作
模块一 电子收银机使用常识
条码扫描
扫描器的种类及对比
条码扫描的方式
条码扫描的原则
例外的处理
商品消磁
电子商品防盗系统
防盗标签与消磁
防盗标签类型与消磁方法
消磁的五个基本常识
例外的处理
收银常识
模块二 收银员工作流程
营业前的收银准备流程
营业中的收银工作流程
营业快结束时的工作流程
营业结束后的工作流程
模块三 主要收银业务操作
现金收银业务操作
现金收银操作流程
检验假钞、残损钞的要点
处理措施
唱收唱付、正确找零与手递原则
银行卡收银业务操作
银行卡的操作流程
收银员过失责任
支票收银业务操作
支票相关知识
支票收银业务操作
优惠券收银业务操作
优惠券相关知识
优惠券收银业务操作
会员卡收银业务操作
会员卡的常识
会员卡收银业务操作
手机银行转账业务操作
手机二维码收银业务操作
手机支付宝收银业务操作
手机App支付业务
退换货业务操作
退换货的标准
退换货业务的操作流程

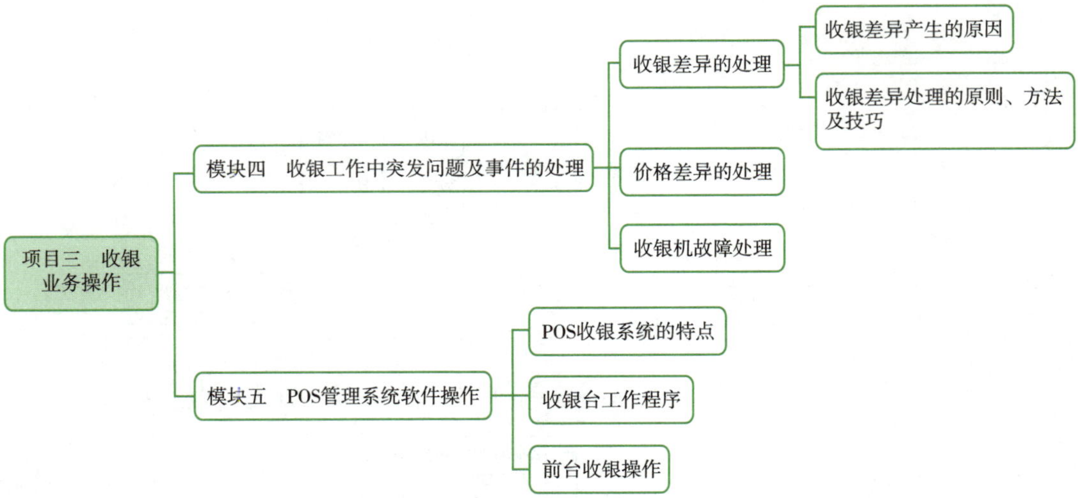

模块一　电子收银机使用常识

一、条码扫描

条码扫描工作是由收银员利用条码扫描器完成的。

条码扫描器又称为商品条码阅读机，其原理是利用光线反射回的光源转译成可辨识的数字，以确认是否为已建档商品代号，实现无键盘录入。

（一）扫描器的种类及对比（见表3-1）

表3-1　三类扫描器优缺点的对比

扫描器的类型	优　点	缺　点
光笔	1. 价格便宜 2. 移动性强 3. 适用于较重或标签位置不易看到的商品的扫描	扫描感较差，扫描动作常重复多次才有感应
手持式扫描器	同光笔	同光笔
固定式扫描器	与光笔正好相反	与光笔正好相反

（二）条码扫描的方式

收银员在收银过程中要对顾客所购买的商品上的条码进行扫描，以录入商品销售信息。条码扫描的方式主要有两种，即机器扫描和人工录入。

（1）机器扫描：利用项目二模块一图 2－7 中所示的三种条码扫描器之一，对商品的条码进行扫描。

（2）人工录入：当采用机器扫描无效时，改用收银员手工录入商品条形码上的数字。

（三）条码扫描的原则

（1）快速原则。以最快的速度将商品进行扫描，包括熟悉一般商品的条码印刷的位置、保持印有条码的包装面平整、条码正对着扫描器或扫描枪等。快速地扫描是提高收银速度、衡量收银员工作素质的重要指标。

（2）无多扫描原则。即保证每一件商品只被有效扫描一次。多扫描会导致顾客多付款，从而引起顾客投诉，最终影响企业的声誉。

（3）无漏扫描原则。即保证每一件商品都被有效扫描过，在顾客已付款的商品中，无漏扫描或扫描不成功的情况。漏扫描直接造成企业损失，是收银区域防止损耗的重点之一。

（四）例外的处理

条码例外的处理是非常重要的，条码不能扫描意味着不能销售，不能销售意味着顾客的需求不能满足，企业所有人员的劳动不能得到认可。因此，正确地处理条码例外是收银管理人员、楼面管理人员的重要的、紧迫的工作之一。

【条码例外】

凡是收银员经过多次机器扫描及手工扫描都不能成功的，称为“条码例外”。

条码例外的处理原则，如表 3－2 所示。

表 3－2　　条码例外的处理原则

人员类别	处理原则
收银员	1. 收银员必须将条码例外向当班收银主管报告 2. 对顾客说“对不起”。先将无例外商品进行结账。并请顾客稍作等候 3. 当条码问题处理结束后。优先将例外商品结账给顾客
收银主管	1. 接到条码例外报告后。第一时间直接处理或派人处理 2. 以简单、快速、直接的方式联系楼面人员处理 3. 接到正确的条码后迅速反馈给收银员，并向等候的顾客道歉 4. 将例外记录当日反馈给楼面管理层，并每周制作汇总报告

议一议

某顾客到超市购物结账后，核对计算机小票时发现其中有一盒汇源果汁的价格有误，货柜上标价9.5元，实收57元。顾客马上找到该收银员提出异议，收银员认为自己已按规定对每件商品进行了扫描，操作上没有过失。

分析：经查，此问题属于多重价格形成的价格差异，是该超市计算机操作员在建立汇源果汁商品信息档案时误将一箱（6盒）的价格当作一盒的价格，造成了条码无效、扫描不成功。

处理方法：收银员必须将条码例外向当班收银主管报告；对顾客说“对不起”，若顾客愿意等待，请顾客稍作等候；收银主管接到条码例外报告后，第一时间直接处理或派人处理；接到正确的条码价格信息后，要迅速反馈给收银员，并向等候的顾客道歉；收银员立即按调整好的价格将例外商品结账给顾客。

二、商品消磁

（一）电子商品防盗系统

电子商品防盗系统是利用声电、声磁原理所设计的专门用于商场、超市等防盗的设备，主要通过系统的特定标签在通过检测装置时，相互作用发出报警而达到防盗的目的。

（二）防盗标签与消磁

1. 防盗标签类型与消磁方法（见表3－3）

表3－3　防盗标签类型与消磁方法

名　称	主要用途	特　点	消磁方法
软标签	保健品、酒类、化妆品、磁带、CD、电池、糖果等	一次性，不能循环使用，具有隐蔽性	付款后，通过收银机消磁系统消磁，报警功能消失
硬标签	服装、内衣、皮具、皮鞋、高档食品等	永久性，可循环使用，不具备隐蔽性	付款后，收银员手工用特定工具将标签取下收回

2. 消磁的五个基本常识（见表3－4）。

表3－4　消磁的五个基本常识

知识点	知识内容
什么人负责消磁	只有正在过机扫描收款的当值收银员才能对商品进行消磁
什么时候消磁	只有在顾客购买付款的过程中才能消磁，保证所有付款后的商品都已经正确消磁，未付款商品不能消磁，否则是不诚实行为
怎样正确消磁	商品逐件进行消磁，所有通过消磁程序的商品都必须确认被正确消磁处理过。无处理不完全或漏处理现象
为什么不能漏消磁	消磁工作的要求是100%正确，以减少顾客投诉和出口处稽核员的工作负担
消磁系统出现异常怎么办	收银员有责任在第一时间报告收银管理人员，请求帮助，在系统未恢复正常工作前，停止收银程序

3. 例外的处理

正确地消磁是非常重要的，否则容易引起顾客的不满，增加收银稽核人员的工作量与工作难度。妥善地处理好消磁例外是收银管理人员的职责之一。

商品经过出口处防盗门时引起报警，则为消磁例外。常见的消磁例外有漏消磁和消磁无效两种情况。

（1）消磁例外处理原则，如表 3－5 所示。

表 3－5　　消磁例外处理原则

人员类别	处理原则
稽核员	1. 对引起的报警向顾客作解释，并快速查找未消磁的商品 2. 如确属于商品未消磁，则征得顾客同意后将商品带回结账收银台进行消磁 3. 提醒收银员要正确执行消磁程序 4. 将已经消磁的商品还给顾客，并道歉 5. 将未消磁商品进行记录，并及时报告收银主管
收银主管	1. 接到报告后，提醒收银员并做记录，以便处理和分享信息 2. 现场处理因未消磁引起的顾客投诉问题

（2）消磁例外情况处理。出现消磁例外应及时处理，常见消磁例外的处理方法如表 3－6 所示。

表 3－6　　常见的消磁例外处理方法

名　称	原　因	处理方法
漏消磁	商品未经过消磁程序	1. 商品必须经过消磁程序，特别是硬标签的商品类别要予以熟记 2. 重新消磁
消磁无效	商品消磁的方法不正确，超出消磁的空间	1. 结合消磁指南，掌握正确的消磁方法 2. 特别对软标签的商品类别予以熟记，反复多次消磁，直到有消磁回音为止 3. 重新消磁

三、收银常识

（1）零用金。为了应付找零及零钱兑换的需要，每天开始营业之前，每个收银员必须在开机前将零钱准备妥当，并铺在收银机的钱箱内。零用金由总收款室人员负责发放与提取。常用的技巧有：①零用金应包括各种面值的纸币及硬币，其金额可以根据营业规律来确定，每台收银机每日的零用金应相同。②收银员在营业过程中应随时检查零用金是否足够，发现不足时应及时通知收银领班兑换。③进行零用金兑换作业时，应填写“兑换单”，并由指定人员进行，以免造成差错，影响正常的收银工作。

（2）“暂停收银”牌。在收银员暂时下岗停止收银时，需要将“暂停收银”牌向着顾客排队结账的方向示出，必须提前出示，以免更多的顾客排队结账。

（3）特价信息/传单。特价信息/传单是含有促销活动和商品优惠信息的一种印刷品，收银员可按规定发放给顾客，并熟记其中的内容。

（4）赠品。赠品是商场自身或供应商通过商场提供给顾客的免费产品，不需要通过付款程序。一般的标识是产品本身的外包装明确有“非卖品”“试用（吃、饮）装”“赠品”等标识，或与商品进行捆绑包装销售的物品。

（5）已付款商品。对家电、化妆品等专柜销售的部分商品，在其专柜收银机上已经付款，付款的商品有收银小票凭证并符合特定的包装要求。已付款商品不再收款。

（6）未付款商品。未付款商品是指顾客在结账时因种种原因不要的商品。收银员必须将该商品放置于指定位置，并及时将商品归位。

（7）收银小票。顾客付款后，收银机会依据商品的扫描顺序打印出一份清单——收银小票，包括品名、价格等信息。收银员必须对每一位付款后的顾客提供与其所购商品相符的收银小票。

（8）银行卡/信用卡收款。收银员可直接接受银行卡/信用卡付款，并执行银行卡/信用卡收款程序。

（9）支票/其他有效价券收款。收银员不能直接接受支票付款，必须在收银科长和门店财务人员的确认下，按指定程序进行操作。如果是公司发行的提货单、储值卡可直接接收，并执行相应的收款程序。

（10）兑零钱。收银员在零钱不足时，要向顾客请求兑换零钞。

（11）退换货办理。收银员不能直接在收银机上进行退换货。退货只能在规定的地方和规定的收银机上，由授权人员办理。

（12）发票中心。收银员不能直接开发票，发票通常在总服务台开具，收银员需向顾客说明开发票的地点（服务台）。

（13）收银员如遇突发事件，如抢劫、停电、死机、与顾客发生争吵、被打以及设备故障等，可用广播的形式或请求防损员、信息设备人员提供帮助。

（14）熟悉企业制度，包括内部员工的购物规定、员工亲属（朋友）的购物规定、员工偷盗的规定、顾客服务的规定等。

模块二　收银员工作流程

收银员在收银台进行收款操作时，应该遵循一定的流程，要求在准备阶段准备得认真、充分；营业阶段正确、礼貌、迅速；在营业结束阶段程序到位、注意安全。一般而言，收银机的操作流程可用图 3－1 表示。

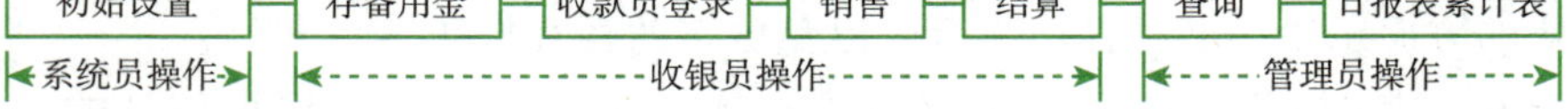

图 3－1　收银机的基本操作流程

从图 3－1 中可知，在整个收银机的操作流程中，由收银员操作的只是其中的一部分流程，其他部分则分别由系统员和管理员负责。收银员工作流程可以按工作时段分为营业前的收银准备流程、营业中的收银工作流程、营业快结束时的工作流程和营业结束后的工作流程四个部分。

一、营业前的收银准备流程

营业前的收银准备是收银工作的起点。本阶段的总体要求是准备得认真、充分。收银准备工作流程包括以下工作：领取机号→清洁、整理收银作业区→整理、补充必备的物品→准备放在收银机内的定额零用金→开机/检查收银机→收银员服装仪容的检查→熟记并确认当日特价品、变更售价商品、促销活动以及重要商品的所在位置号→准备迎宾。

（1）清洁、整理收银作业区。营业前，收银员必须对收银台及周边环境进行认真清洁和整理，以便为顾客提供一个良好的结账环境。该作业区包括收银台、包装台台面，收银机设备，所在收银柜台四周的地板、垃圾桶等。

（2）整理、补充必备的物品。收银员在营业前应该整理、补充必备的物品，主要有海绵缸、干净抹布、夹票据的票夹、收银打印纸和银行刷卡用的刷卡单、足够一天用的购物袋、收银员自身必备的钢笔、便条纸、需要领取的现金布袋、“暂停收银”牌。

（3）收银机前货架的理货工作包括理货和补货。

（4）准备放在收银机内的定额零用金。准备好各种币值的零钞，检查零钱是否足额。

（5）开机，检查收银机是否正常。开机检查系统的日期、开机状态是否正常，能否进行扫描、收银工作。

（6）收银员服装仪容的检查。收银台是商业企业的服务窗口，收银员的行为关系到企业的形象。一般的企业都要求收银员统一着装，营业前收银员应自查制服是否整洁，是否合乎规定；是否佩戴好工号牌；发型、仪容是否清爽、整洁。

（7）熟记并确认当日特价品、变更售价商品、促销活动以及重要商品的所在位置。

（8）晨会和礼仪训练。每天营业前，收银主管要给各个当班的收银员开晨会，总结前一天收银工作的情况，布置当天收银工作的任务，特别要强调收银工作的规范和要求，提醒收银员防止发生收银差错。

二、营业中的收银工作流程

营业中的收银工作流程是收银工作四个阶段中最重要、最核心的流程。本阶段的总体要求是正确、礼貌、迅速，手准、耳清、眼明，唱收唱付，声音响亮、清晰。营业中的收银工作流程是：输入密码→欢迎顾客→扫描商品→消磁商品→装袋→金额总计→收款→找零→欢送顾客→服务下一位顾客。

（1）输入密码。每个收银员都有自己的工号，输入密码，即可进入系统为顾客结账。

（2）欢迎顾客。按服务标准招呼、问候顾客。一般来说，对超市收银员要求在肢体语言上站立服务、在面部表情上微笑服务、在口头语言上用普通话服务。常用的问候语有：“欢迎光临！”“您好！”“上午好！”“中午好！”“下午好！”“晚上好！”“欢迎下次光临！”等。

（3）扫描商品。当顾客结账时，收银员逐一扫描顾客选购的商品，将所购买的商品信息输入收银机。遵循前述扫描商品的原则，做到手准、耳清、眼明，即收银员手持扫描器扫描商品的技术和手击键盘的技术要准，耳朵要清楚地听到扫描器发出的“嘀”声和打印机打印收银小票的声音，眼睛要注视收银机的显示屏，看清所反映的信息。对于扫描例外，按前述方法处理。

（4）商品消磁。收银员对逐一扫描后的商品进行消磁，包括消磁器消磁和人工消磁。对采用硬防盗标签的商品，消磁时注意不要损坏商品，避免遗漏消磁或不消磁。对消磁例外，按前述消磁例外处理方法进行处理。

（5）装袋。协助顾客将已消磁的商品按装袋的原则与标准装入购物袋中。

装袋作业的操作程序是：①硬与重的商品垫底装袋；②正方形或长方形的商品装入包装袋的两侧，作为支架；③瓶装或罐装的商品放在中间，以免受外在压力破损；④易碎品或轻泡的商品放置在袋的上方；⑤冷冻品、豆制品等容易出水的商品，肉、菜等容易流出汁液的商品，应先用包装袋装好后再放入大的购物袋中，或经顾客同意不放入大购物袋中；⑥装入袋中的商品不能高过袋口，以免顾客提拿不方便，一个袋中装不下的商品可放入另一个袋中；⑦超市在促销活动中所发的广告页或赠品要确认已放入包装袋中；⑧装袋时要避免将不是一个顾客的商品放入同一个袋中的现象；⑨对体积过大、包装袋装不下的商品，要用绳子捆好，方便顾客提拿；⑩提醒顾客带走所有包装入袋的商品，防止遗忘在收银台上的情况发生。

（6）金额总计。当顾客所购商品全部扫描、消磁完成后，收银员应确定付款金额，并告知顾客应付款总额。

（7）收款确认。接到顾客的钱款，对现金要进行假币的辨认，同时用自然、清晰的语言对顾客唱收：“您的商品共计××元，收您××元。”对银行卡付款，则执行银行卡收款程序，先辨认真假，同时用自然、清晰的语言对顾客唱收：“您的商品共计××元，收您××卡一张。”提示顾客等待刷卡。

（8）找零。唱付顾客的零钱，或刷卡、扫描支付码成功后将信用卡还给顾客，同时将收款小票双手递给顾客，提醒顾客拿好商品。

（9）欢送顾客。对顾客予以感谢，欢送顾客。

（10）接待下一位顾客。重复以上程序，服务下一位顾客。

另外，收银员还要时刻保持收银台及周围环境的清洁，有时还要协助、指导新员工及兼职人员，在收银空闲时整理顾客的退货等。

收银工作服务标准，如表3－7所示。

表3－7　　收银工作时的服务标准

程序	步骤	标准用语	标准动作	需避免的情况
1	欢迎顾客	“欢迎光临”“您好” “早上好”“中午好” “下午好”“晚上好”	• 面带笑容，声音自然，与顾客的目光接触 • 帮助顾客将购物篮或购物车中的商品放到收银台上 • 将收银机的顾客显示屏面向顾客	无笑容、无欢迎用语、无表情、不理睬顾客、不主动帮助顾客

续表

程序	步骤	标准用语	标准动作	需避免的情况
2	扫描/检查	逐项念出每件商品的金额	• 手持扫描枪或将商品逐一经过扫描器，听到扫描成功的“嘀”声后，判断收银机显示的售价、品名是否与商品相符或符合常识 • 出现扫描例外时，应找出其代码，采用手工方式正确录入 • 扫描完成的商品必须与未扫描商品分开放置，避免混淆 • 检查购物车（篮）底部、顾客是否留有未扫描商品	商品扫描不成功未进行重新扫描、遗漏扫描、未正确使用数量键、未作遗留商品的检查、重复扫描
3	消磁商品	—	• 扫描后的商品逐件进行消磁 • 对采用硬防盗标签的商品，要在不损坏商品的前提下消磁	漏消磁、不消磁
4	装袋/车	—	按装袋原则进行装袋，尽量满足顾客提出的特殊要求	让顾客自己装袋、装袋不符合要求、拒绝顾客的要求、损坏商品
5	合计总额	“总共××元，谢谢！”	• 当商品全部扫描、消磁完后，收银员应确定付款金额总计，并告诉顾客应付款总额 • 将商品放入购物车或装好购物袋，等待顾客付款 • 当顾客拿现金等付账时，应立即停止手上的工作	声音太小、读错总额
6	唱收钱/卡	“共收您××元”“收您××卡一张。”	• 当顾客的面点清钱款并确认金额，若为现金，要检查是否为假钞 • 若使用信用卡/银行卡，应礼貌地告诉顾客稍微等待，进行刷卡	未唱收钱/卡、未检查假钞、点错现金、刷卡时间长或金额错误、错误使用收款键
7	唱付找零	“找您××元，拿好小票。”	• 找出正确零钱 • 将大钞放在下面，零钱放在上面，双手将现金连同收银小票交给顾客；或将银行卡单据放入抽屉，将卡、底单、小票还给顾客 • 将所收大钞、零钱放在规定的收银机钱格中，关闭抽屉	未唱付找零、找错零钱、忘记给收银小票、执行银行卡程序不正确
8	感谢顾客	“谢谢！”“拿好商品，欢迎再来！”	• 提醒顾客不要遗忘物品 • 面带笑容，目送顾客离开	没有感谢语、无笑容

三、营业快结束时的工作流程

（1）在快打烊时，如果还有顾客在收银机前，应该继续为其服务。

（2）放置“暂停结账”的告示，向附近的顾客说：“对不起，先生/女士，这台收银机很快就关闭了，请到其他收银机付款。”

四、营业结束后的工作流程

营业结束后的工作流程如下。

（1）退出收银机收款系统。
（2）整理计算机小票以及各种有效价券。
（3）点出备用金后，结算营业总额。
（4）去总收款室上交当班营业款。
（5）整理收银台及周围环境。
（6）关闭收银机电源并盖上防尘罩。
（7）整理购物车、篮子并放于固定位置。
（8）协助现场人员处理善后工作。

大型商场和超市一般都设有总收款室，以利于及时、准确地结算每日的营业款。收银员下班时要将当天的全部现金和信用卡结算单据等票据清点好，填写现金交款单，并装入现金班结袋，送往总收款室。总收人员收取现金班结袋后，记录收银机号和交款时间。总收人员打开班结袋，将现金与单据分开清理，并登记“班结袋明细表”（见表 3－8）。总收人员专人复核所有现金单据的处理是否正确，并归类存放。

表 3－8　　班结袋明细表

年　月　日　时　分

公司名称：　　总收款室负责人：　　收银主管：

<table>
<tr><th>收银机号</th><th>时间</th><th>支票</th><th>银行卡单</th><th>其他有价证券</th></tr>
<tr><td></td><td></td><td></td><td></td><td></td></tr>
<tr><th>编号</th><th>项目</th><th>面值（元）</th><th>数量</th><th>金额（元）</th></tr>
<tr><td></td><td rowspan="12">现　金</td><td>100</td><td>张</td><td></td></tr>
<tr><td></td><td>50</td><td>张</td><td></td></tr>
<tr><td></td><td>20</td><td>张</td><td></td></tr>
<tr><td></td><td>10</td><td>张</td><td></td></tr>
<tr><td></td><td>5</td><td>张</td><td></td></tr>
<tr><td></td><td>2</td><td>张</td><td></td></tr>
<tr><td></td><td>1</td><td>张（枚）</td><td></td></tr>
<tr><td></td><td>0.5</td><td>张（枚）</td><td></td></tr>
<tr><td></td><td>0.1</td><td>张（枚）</td><td></td></tr>
<tr><td></td><td colspan="2">金额合计</td><td>元</td></tr>
<tr><td></td><td>初点人</td><td>复核人</td><td></td></tr>
<tr><td></td><td></td><td></td><td></td></tr>
<tr><td></td><td rowspan="8">非现金</td><td>1. 银行卡单</td><td>张</td><td></td></tr>
<tr><td></td><td>2. 信用卡单</td><td>张</td><td></td></tr>
<tr><td></td><td>3. 支票</td><td>张</td><td></td></tr>
<tr><td></td><td>4. 其他证券单</td><td>张</td><td></td></tr>
<tr><td></td><td>5. 其他单据</td><td>张</td><td></td></tr>
<tr><td></td><td></td><td></td><td></td></tr>
<tr><td></td><td colspan="2">非现金合计</td><td>元</td></tr>
<tr><td></td><td colspan="2">登记人</td><td></td></tr>
<tr><td></td><td>总计</td><td colspan="3">元</td></tr>
<tr><td></td><td>复核金额</td><td></td><td></td><td></td></tr>
</table>

模块三 主要收银业务操作

一、现金收银业务操作

现金是目前各商业业态中顾客采用的一种重要付款方式，现金收银是各商场、超市前台收银的主要收款业务。在模块二中我们已经学习了收银员的工作流程，这里结合现金付款方式的特点，细化其操作流程，提示其工作要点。

（一）现金收银操作流程

现金收款方式的操作流程主要包括收款、验钞、打单和找零四个环节，其操作流程如图 3－2 所示。

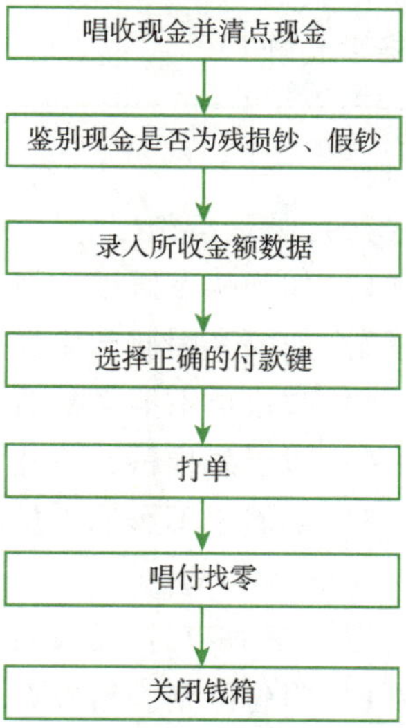

图 3－2 现金收银操作流程

（二）检验假钞、残损钞的要点

根据多数商场和超市的规定，如果收银员不小心收到假钞或残损钞票，其损失由收银员自己承担。所以，收银员在收银时要仔细检查所收现金的真假，严格按本教材项目四中介绍的验钞方法进行识别。

（1）点看结合。收银员在认真清点顾客所付钞票的同时，注意观察其票面（特别是 100 元、50 元的大钞），主要察看钞票的色彩是否鲜艳、图案与水印是否真实和清晰、光变油墨面额数字是否随着光线变化而变色等。

（2）注意手感。在点钞时，除了点看结合，还要注意点钞时的手感，依靠手指触摸钞票的感觉来分辨人民币的真伪。

人民币是采用特种原料，由专用造纸设备生产的印钞专用纸张印刷，其手感光滑、厚薄均匀、坚挺有韧性，且票面上的行名、盲文、国徽和主景图案一般采用凹版印刷工艺，用手轻轻触摸，有凹凸感，手感与摸普通纸的感觉不一样。而假币则纸质松软、平滑、无弹性。

（3）抓住疑点。收银员在点、看、摸钞票的时候，一旦发现可疑钞票，应该立即抽出，采用多种方法仔细检验，不要抱有侥幸心理误收假钞，给自己和企业带来损失。

（4）机器检测。如果用手工方式仍然不能确定人民币的真伪，可以使用验钞机进行检测。为提高保险系数，一般对于所收大面额的钞票应同时采用手工和机器验钞两种方式检测。

议一议

在某市解放路一家超市当收银员的小李这几天上班总是提心吊胆，每次收到100元、50元的大钞，总是验了又验，不敢大意。

原来，这家店刚开张一个星期，收银员是新手，开张第一天就不慎收进了3张100元假钞。老板急忙更换收银员，因小李以前跟家人做过小生意，比别人多摸过几天钞票，就从服务员转为收银员了。没想到，小李也吃了假钞的亏。

新开张这几天，有人连续拿假钞到小李所在的超市买东西。这不是偶然现象，分明是有人冲着新开张的店铺而来，因为新店铺开张，收银员往往是新手，而且刚开始大家满心欢喜，放松了警惕。因为吃过亏，小李暗自提高了对假钞的警惕，但她还是不小心交了一次“学费”。

某天，有个顾客用100元的钞票付款，消费额仅十几元。小李找钱时，那位样子很粗鲁、看上去有30多岁的男顾客接过小李找给他的钞票，马上又退回，说他想要票面值更小的零钱，但他退回的50元钞票却已换成假钞。他这么快就调了包，小李一点也没发觉。

分析：本案中，虽然小李提高了对假钞的警惕，但她还是中了坏人的“调包计”。这提醒我们，坏人手段高明，不易察觉，故每次收款时都要按规定验钞，不能嫌麻烦或抱侥幸心理。

（三）处理措施

（1）如确认是假钞，请求顾客更换。

（2）如顾客因此产生异议，可由双方一同到银行鉴别。

（3）收银员不能做最后判断时，求助于收银管理层的帮助。

（4）对于残损钞，应礼貌地请顾客更换，并告诉顾客可以到银行进行兑换。

（5）如属于不影响币值的残损钞，可考虑接受。

（四）唱收唱付、正确找零与递手交接原则

（1）唱付原则。给顾客找零时，必须大声说“找您××元”，此为唱付原则。

（2）正确找零原则。必须进行找零，不能以零钱不足等理由拒绝顾客付款，哪怕是用100元买1角钱的东西；找付的零钱必须正确，要求按收银机的计算余额找零，并且现金清点正确。找零时，应按最大面值的现金组合，以节约零钞。如找零63.5元，零钱的组合应为1张50元、1张10元、3个1元硬币、1个5角硬币，或3张20元、3张1元、1个5角硬币（由收银机所备的零钱种类决定）等。有些超市、商场的会员卡有存钱功能，收银员可征得顾客同意后把小额零钱存入会员卡中，便于以后使用。

（3）手递原则。零钱必须亲自递到顾客的手中，不能放在购物袋或收银台上。

二、银行卡收银业务操作

银行卡是由商业银行（含邮政金融机构）向社会发行的具有消费信用、转账结算、存

取现金等全部或部分功能的信用支付工具。

目前，我国大多数商场和超市所接触的银行卡有两类：一类是常用的借记卡，如用来取工资、缴费的各家银行的储蓄卡，这类卡不能透支，但可以在 ATM（自动取款机）和 POS 机上取款或消费；另一类是信用卡，它可以透支，也可以在 ATM 和 POS 机上取款或消费。

（一）银行卡的操作流程

（1）持卡人将银行卡交给收银员。

（2）收银员根据顾客购物金额在 POS 机上刷卡。

（3）提请顾客输入银行卡的密码。

（4）密码正确，请顾客在签购单上签名；密码连续三次输入不正确，请顾客另选结算方式进行结算。

（5）刷卡操作完成后，收银员打印计算机小票或销售发票。

（6）把签购单回单、银行卡和购物小票退还持卡人。

银行卡的操作流程如图 3－3 所示。

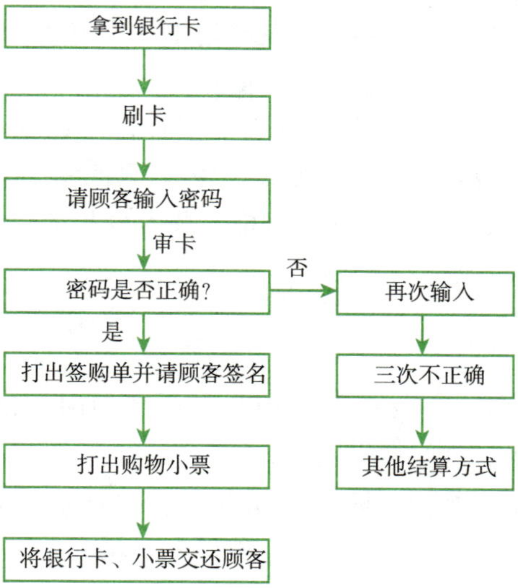

图 3－3　银行卡操作流程

（二）收银员过失责任

如果因收银员操作疏忽而导致以下情况发生，发卡行将拒付相关交易款项，相关损失将由商户承担：

（1）受理卡面凸印卡号的前四位数字与上方或下方平面印刷的微型四位数字明显不一致的伪卡或假卡。

（2）受理已过有效期的卡片。

（3）受理剪角或损毁的废卡，或有明显标记的“样卡”“测试卡”等。

（4）受理卡背面中文签名与卡面凸印的持卡人汉语拼音姓名明显不符的卡。

（5）卡背面签名及字迹与签购单上签名及字迹明显不符的交易。

（6）交易签购单上无持卡人签名的交易。

三、支票收银业务操作

支票结算是顾客购物消费的第三种结算方式，在大型商场和超市等零售企业一般设专人（出纳或收银员）负责支票的收银业务。使用支票结算的客户大多是在银行开设账户的企业、事业单位和机关团体、学校等法人单位，其特点是一次购物量大、金额大。收银员只有掌握支票的相关知识和操作流程，才能胜任支票的收银工作。

（一）支票相关知识

支票是指由出票人签发的，委托办理支票存款业务的银行或者其他金融机构在见票时无条件支付确定的金额给收款人或者持票人的票据。

开立支票存款账户和领用支票，必须有可靠的资信，并存入一定的资金。支票一经背书即可流通转让，具有通货作用，成为替代货币发挥流通手段和支付手段职能的信用流通工具。使用支票进行货币结算，可以减少现金的流通量，节约货币流通费用。

支票分为三类：现金支票、转账支票和普通支票。

现金支票：支票上印有“现金”字样，只能用于支取现金。

转账支票：支票上印有“转账”字样，只能用于转账。

普通支票：支票上没有“现金”或“转账”字样，可以支取现金，也可以用于转账。在普通支票左上角划两条平行线的，为“划线支票”，只能用于转账，不能支取现金。

我国各大银行的支票样式虽然不统一，但格式及内容基本相同。

（二）支票收银业务操作

1. 支票审核

收银员在受理支票结算时，应该根据《中华人民共和国票据法》的规定对支票进行审核。具体要求如下：

（1）审核事项。要审核有效期、限额、印鉴、开户行账号及有效证件。尤其要注意：支票不允许折叠。

（2）记录持票人的有关资料。要将持票人姓名、有效证件号、联系电话填写在背书栏右边的空白处。

（3）登记事项。支票结算完毕后，将支票号码、单位名称、购物金额登记在交款单上，按要求及时传递，并由收票人签收。

（4）注意支票有效期。支票有效期为 10 天，从票面日期的次日起算，到期日遇节假日，有效期依次顺延，但如果节假日在票面日期与到期日之间，则不能顺延支票有效期限。

（5）不受理内容填写不全的支票。在审查支票内容时，要特别注意大小写金额是否相符，金额中文数字是否正确。同时，要注意大写金额应顶格写，小写金额前要加写人民币符号“¥”。在审查支票内容时，还应特别注意支票上是否加盖了付款人的印章。

2. 支票登记

支票受理后，需在支票登记簿上登记购买商品名称及金额、支票金额、支票号、顾客信息等。

3. 打印小票

支票审查填写完毕，应为顾客打印计算机小票。

4. 开具发票

如果顾客是企事业单位，其回到单位需要发票记账，所以商家还要为顾客打印或开具发票。开票时要注意：

（1）收银台或客户服务中心可以给客户开具或打印普通销售发票、增值税普通发票，增值税专用发票由财务部门开具，若已对接电子发票平台，也可按需开具电子发票。

（2）填开发票时，必须顺号使用，不能跳号开发票。

（3）开发票时，应该按顾客所购商品的实际品名、金额、数量填写，不能虚开发票，不能开空白发票。

支票收银业务操作流程如图 3－4 所示。

图 3－4　支票收银业务操作流程

四、优惠券收银业务操作

（一）优惠券相关知识

优惠券业务是各大商场、超市推出的一种促销方式。商家通过发放优惠券可以满足顾客的消费心理，有效刺激顾客购物消费欲望，提高商业企业的销售额，实现消费者与商家双赢的目标。作为收银员，要掌握本企业的优惠政策和操作流程，以优质的服务确保企业营销目标的实现。

优惠券又称“折扣券”，是由商场或超市等发行的，消费者可以用来在购物消费时享受一定折扣优惠的凭证。

优惠券的设计应该简明扼要，标明商品名称、折扣的金额、有效期限、兑换地点、赠品的名称等内容。

（二）优惠券收银业务操作

（1）收券。收银员在双手接过顾客递交的优惠券后，应迅速清点与审核该券的有效性，然后声音清楚、自然地唱收：“收您优惠券××张。”

（2）收现金或刷银行卡。收银员根据顾客购物总金额与优惠券金额的差额，计算确定应该补收的现金金额，并唱收：“您共计××元，折扣××元，应再收您××元。”在双手接过顾客递交的现金或银行卡后，应迅速清点与识别所收钞票或银行卡的真伪，同时唱收：“收您现金××元”或“收您银行卡××一张”。

（3）打单。收款结束，马上为顾客打出计算机小票或销售发票等单据；如果是用银行卡结账，还需要进行刷卡和签单流程。

（4）找零或还卡。收银员按本章现金收银业务操作中的原则与技巧，唱付找零；或根据银行卡收银业务操作的方法把签购单回单、信用卡、身份证和购物小票退还持卡人。

优惠券收银操作流程如图 3－5 所示。

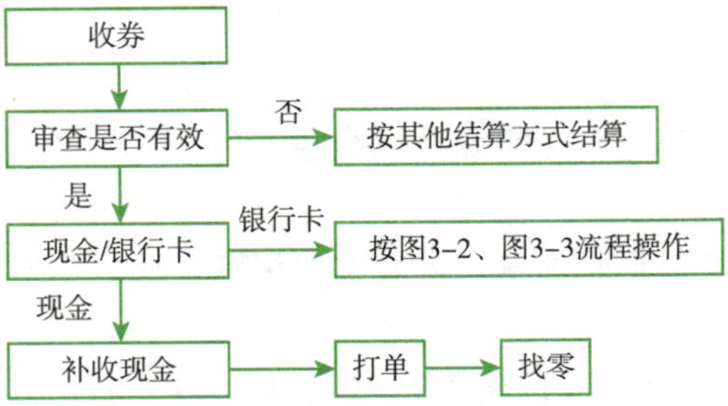

图 3－5　优惠券收银操作流程

五、会员卡收银业务操作

随着零售百货企业的日益成熟，市场竞争也越来越激烈。为此，很多企业推出了会员卡或优惠卡等制度，用以建立一个较为稳定的客户群体。消费者在商场、超市购物时，出示自己的会员卡，就可享受作为会员的优惠待遇。因此，作为收银员应该了解会员卡的常识，掌握本企业会员卡收银业务的操作流程。

（一）会员卡的常识

通过会员卡制度，商家对顾客承诺各种优惠政策，比如打折、积分、赠送礼品等；对于会员卡持有者来说，可以根据商场的安排享受到不同的优惠和服务。对于商家来说，会员是稳定而宝贵的资源。一方面，会员是稳定的消费群体，是商场盈利的有力保障。另一方面，会员是其消费对象的代表者，通过对会员的调查，可以掌握整体消费者的构成和偏好，便于商场及时调整商品结构和布局。

（二）会员卡收银业务操作

一般情况下，会员卡收银业务是与现金、银行卡等收银业务操作同时进行的。因为绝大多数会员卡不具备储蓄功能，本身不能用于支付，它只是一种会员在用现金、银行卡结账时可以享受折扣优惠的凭证。会员卡的收银业务操作与现金、银行卡的收银业务操作基本一致，每一步操作规范及标准同前述相应内容，其操作流程如图 3－6 所示。

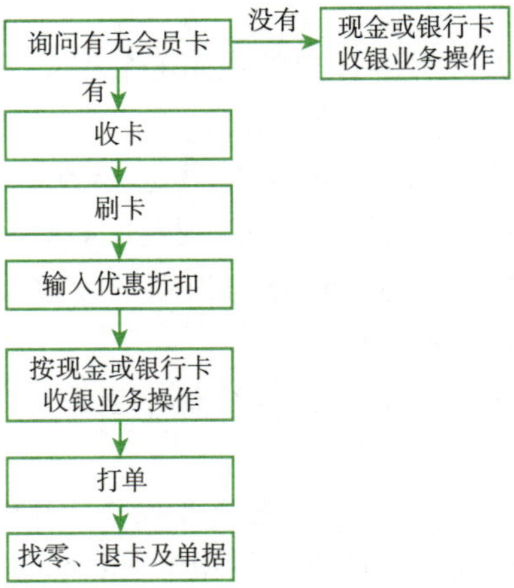

图 3－6　会员卡收银操作流程

六、手机银行转账业务操作

中国工商银行、中国农业银行、中国银行、中国建设银行、招商银行、浦发银行、中信银行、交通银行、平安银行、民生银行等都提供了便捷的手机银行服务，支持客户进行实时转账、跨行转账等操作。客户在手机银行办理转账、汇款业务时，跨行或异地的手续费收取情况各不相同。客户可以直接咨询当地银行网点或查看手机银行 App 内的费用说明，获取最新的银行手续费信息。

小资料

银行手续费

银行手续费是指在银行办理相关业务时需要缴纳的费用。这些费用包括存款、取款、转账、贷款及信用卡还款等业务的处理费用，可以理解为代理他人办理有关事项所收取的一种劳务补偿，或者对委托人来讲，是因他人代为办理有关事项而支付的相应报酬。

在此，以中国建设银行手机银行客户端为例，讲解手机银行实现跨行转账汇款的具体操作方法。

（1）下载手机银行客户端（可以直接在网上搜索下载相应银行的手机银行 APK 程序），如图 3－7 所示。

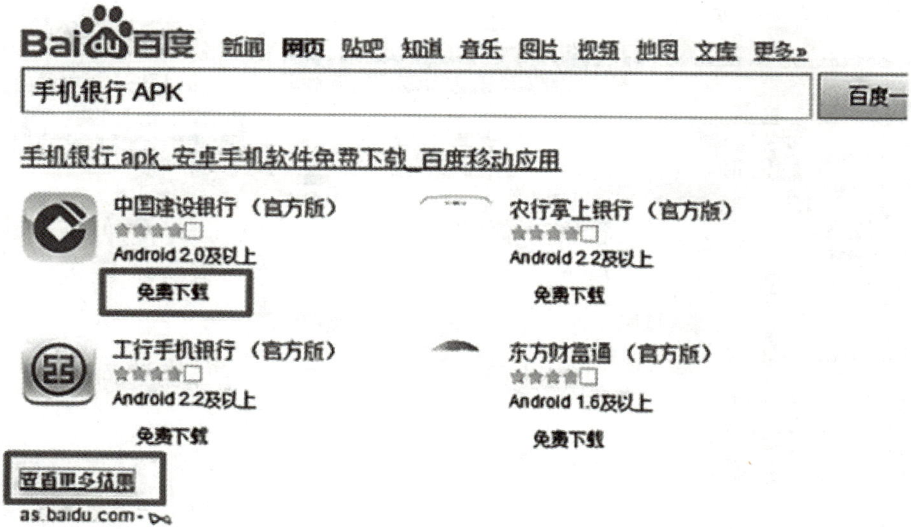

图 3－7　下载手机银行客户端界面

（2）安装并运行手机银行客户端。首次运行该客户端时需要进行手机验证，同时对应账户必须开通网上银行业务，才能保证手机银行的正常使用。

（3）手机验证操作完成后，在打开的界面中点击“手机银行”选项卡（见图 3－8）。

（4）在打开的登录界面中输入登录密码进行登录操作（见图 3－9）。

图 3－8　“手机银行”选项卡

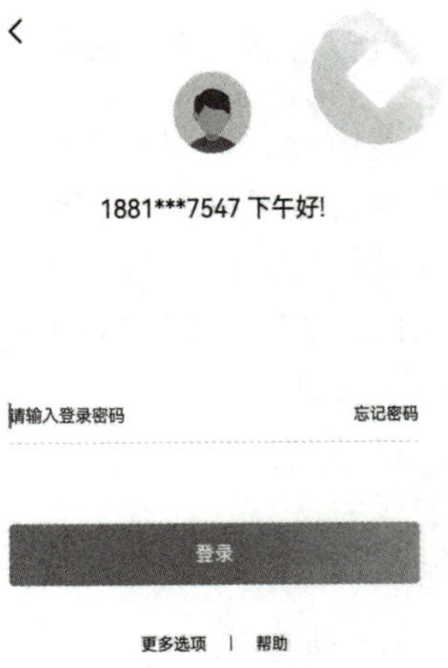

图 3－9　“密码登录”界面

（5）进入主菜单界面后，点击“转账汇款”按钮进入界面（见图 3－10）。

（6）在“转账汇款”窗口中，点击“跨行转账”—“普通跨行转账”按钮进入，选择“付款账户”项目，输入“转账金额”“收款户名”“收款账号”项目（见图 3－11）。

（7）在图 3－12 所示的界面中，选择“收款银行类别”“收款账户所在省市”以及“收款网点名称”的简写或全称。

图 3－10　“转账汇款”界面

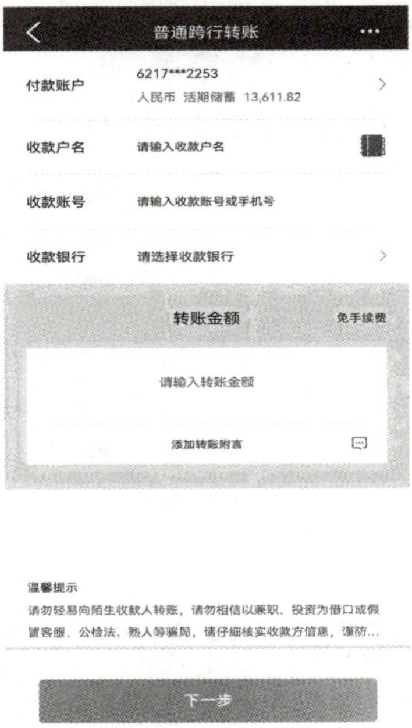

图 3－11　“跨行转账—普通跨行转账”界面

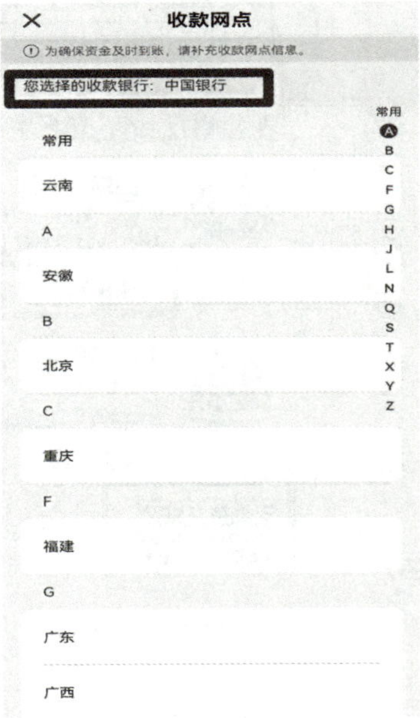

图 3－12　“收款银行类别”界面

（8）当采用“简写”形式提供收款网点名称时，会进一步弹出详细收款网点的名称供选择，如图 3－13 所示。

（9）在图 3－14 所示的界面中，确认转账金额，输入手机验证码，即可完成跨行转账汇款操作。

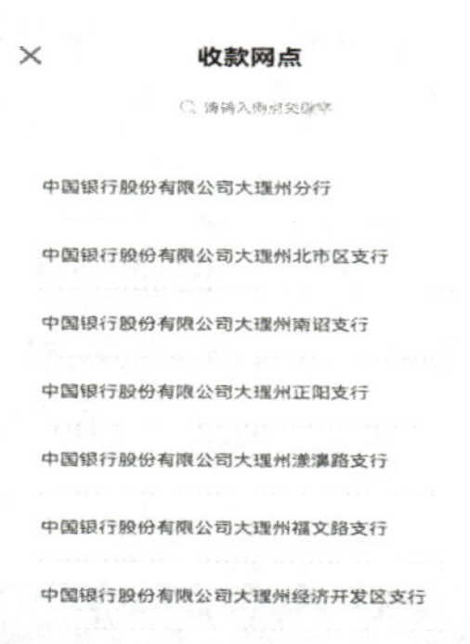

图 3－13 选择收款网点名称

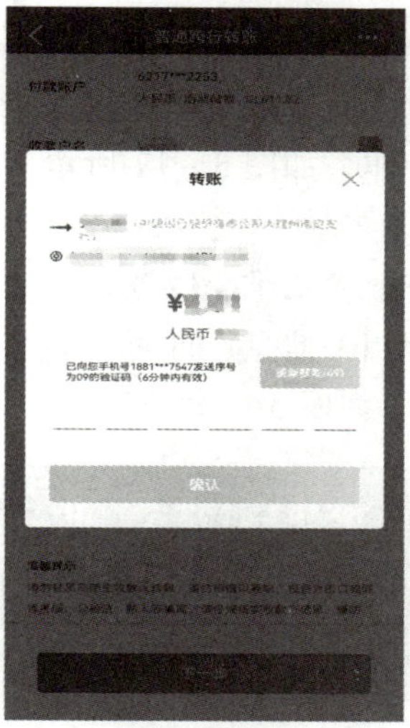

图 3－14 输入手机验证码

（10）验证码输入正确，就可以看到“转账提交成功”界面（见图 3－15），在此界面中我们可以点击“通知对方”按钮，以短信形式通知收款方及时查收转账汇款情况（见图 3－16）。

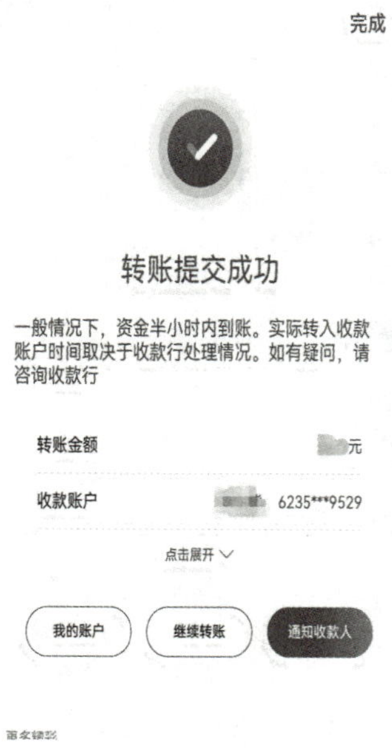

图 3－15 “转账提交成功”界面

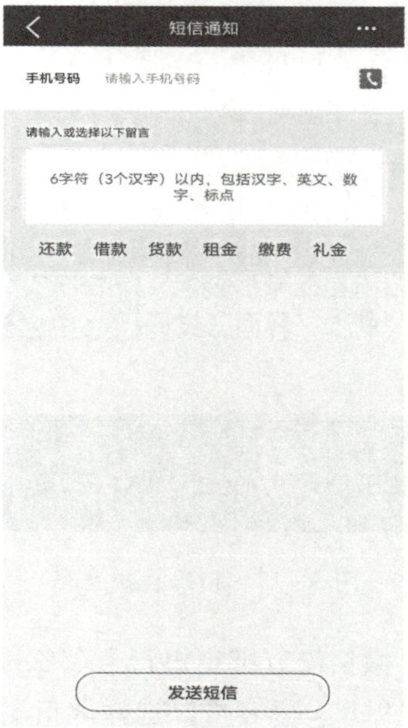

图 3－16 短信通知

七、手机二维码收银业务操作

下面我们以“轻扫商户宝”固定二维码扫码收银系统为例，说明手机二维码收银业务操作。

（1）“轻扫商户宝”固定二维码扫码收银系统适配多种终端设备，用微信支付融合线上与线下，无论是手机、平板，还是 PC 计算机，皆可无缝兼容，无须 POS 机、扫码枪，轻松实现收银操作，如图 3－17 所示。

（2）“轻扫商户宝”固定二维码扫码收银系统支持多种收银方式，包括刷卡支付、微信支付、固定金额二维码收款、自定义金额二维码收款、线上收款等。商家只需在系统后台配置好支付等相关信息，即可实现多种收银方式（可直接打印固定二维码，印在桌签上即可实现收款），如图 3－18 所示。

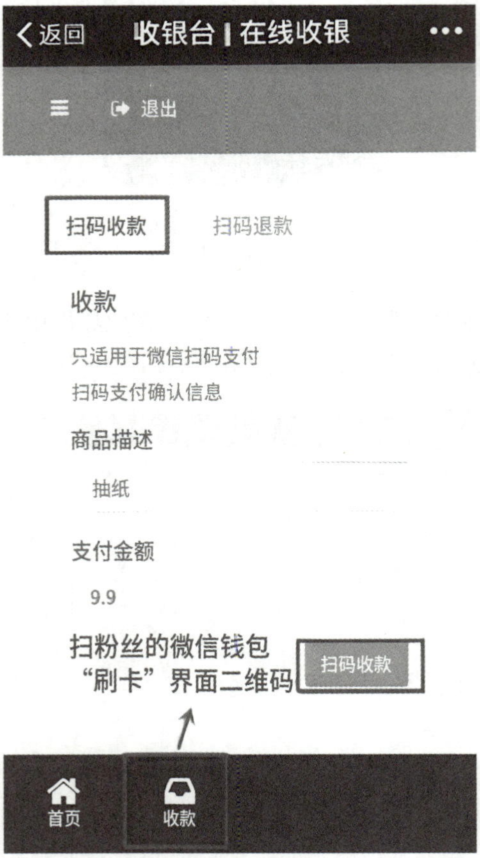

图 3－17　扫码收款界面

图 3－18　多种收银方式

（3）微信没有绑定银行卡怎么办？可以选择扫码支付。例如，顾客在商家门店买了一包抽纸 9.9 元，顾客可以选择微信刷卡支付：商家扫描顾客微信钱包“刷卡”界面的二维码，就可以完成本次收银。还可以有以下两种收款方式：

①固定金额二维码收款：商家将抽纸金额设置好（9.9 元），并生成二维码，顾客扫描

该二维码就能完成支付。

②自定义金额二维码收款：客户扫描商家的二维码，在页面自助输入需要付款的金额(9.9 元)，也能完成支付。

与此同时，商家的收款记录与二维码记录都可在系统后台进行查看与管理，如图 3－19 所示。

(4) 扫码即能退款，便捷高效。“轻扫商户宝”固定二维码扫码收银系统还支持扫码退款功能。商家扫描客户支付交易详情页的条形码，即能进行退款。快速、简单、高效，只需扫一扫，就能立即退款，如图 3－20 所示。

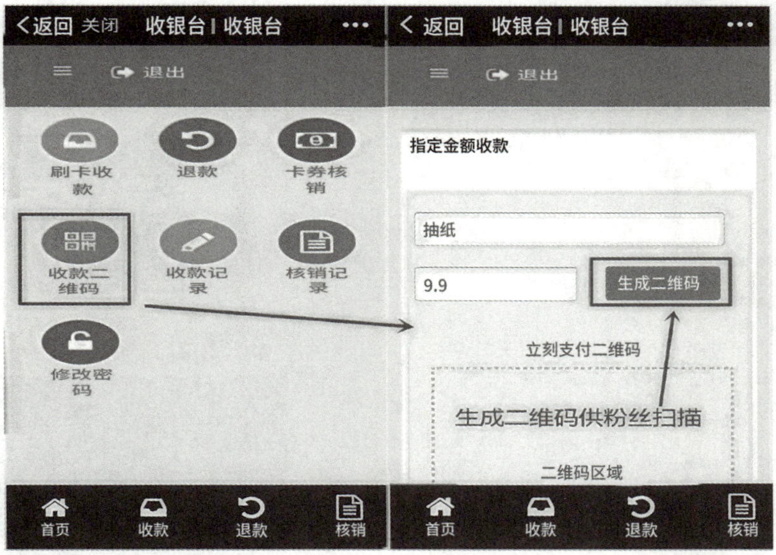

图 3－19 后台记录

图 3－20 扫码退款

八、手机支付宝收银业务操作

操作步骤：

第一步，打开手机支付宝，进入支付宝后，点击“收付款”按钮（见图 3－21），即出现支付二维码界面，如图 3－22 所示。

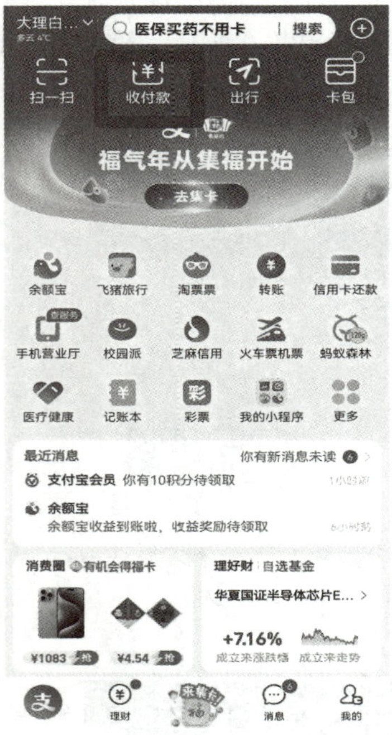

图 3－21　点击“收付款”按钮

图 3－22　二维码支付界面

第二步，用扫描工具对准二维码，听到手机“嘀”声后就会跳转到支付界面，输入支付密码，确定支付。如果设置了指纹支付，则只需将约定的手指按在 Home 键上即可完成支付。支付宝设定了小额支付可免于输入密码或指纹的程序，即如果支付金额小于规定的限额时（如 200 元），只需扫描二维码，“嘀”声后即完成支付。

九、手机 App 支付业务

ApplePay，是苹果公司在 2014 苹果秋季新品发布会上发布的一种基于 NFC 的手机支付方式，于 2014 年 10 月 20 日在美国正式上线。2016 年 2 月 18 日，ApplePay 业务在中国上线。

继苹果之后，三星、华为两家公司也先后推出了 Samsung Pay 和 Huawei Pay 服务。

与一般大家熟知的微信、支付宝扫码支付不同，苹果、三星、华为等企业采取的是与银行合作的方式，使用 POS 机进行手机支付。这从根本上拓展了手机支付的通用性，建立了与银行卡兼容的通道。在实际使用过程当中，这一类手机支付的流程也更加接近传统的银行卡支付。

在手机支付过程当中，与刷卡相似，均需要用到 POS 机。在顾客提出需要使用上述手机支付之后，收银员应当提示顾客支持该支付手段的 POS 机是哪一台，并协助顾客完成“刷手机”这一过程。“刷手机”完成后，顾客确认付款信息，使用指纹、输入密码、人脸识别等方式验证身份，即可完成交易。

随着移动支付的普及和技术的不断发展，越来越多的手机型号和系统开始支持手机支付功能。用户可以根据自己的手机型号和系统版本选择合适的支付平台进行使用。手机 App 支付将向技术创新、支付场景多元化、产业链协同发展、国际化进程加速以及监管政策逐步完善等趋势发展。

十、退换货业务操作

销货退换业务是指已经售出的商品，由于质量、品质、价格、规格、型号等因素致使顾客不满意而予以退换货的业务处理。这项工作必须谨慎处理，认真对待顾客的意见和要求，应尽量从消费者的角度处理问题，以此赢得顾客的理解和信任，达到使顾客满意的目的。

（一）退换货的标准

一般商业企业都依据《中华人民共和国消费者权益保护法》《中华人民共和国产品质量法》及其他规定制定本企业的退换货标准，包括时限标准和一般性标准。退换货总的原则是：可退可换，以退为主；可换可修，以换为主，充分尊重消费者的意愿。

通常情况下，对已售商品的退换货都是有时限要求的，一般商品在购买 30 天内可以办理退换货；家用电器类商品购买 7 天内，如果发生质量问题，可以退货、换货或修理，8 ~ 15 天有质量问题，可以换货或修理，超过 15 天，一般做代理保修处理。

（二）退换货业务的操作流程

退换货业务虽然属于前台收银员的工作范围，但各商场、超市往往在客户服务中心由专人负责办理该业务，其操作流程如图 3 – 23 所示。

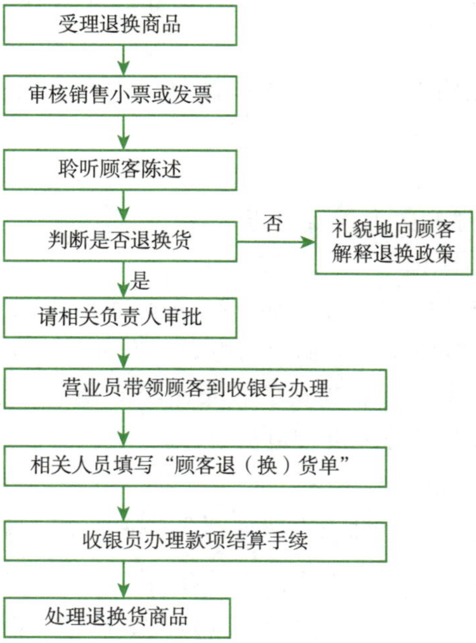

图 3 – 23　退换货业务的操作流程

模块四　收银工作中突发问题及事件的处理

在商场和超市收银工作中时常会发生一些突发问题和事件，如收款或找零出现差错、发票填错作废、收银设备出现故障及商品价格错误等。这些偶发事件处理不好，既影响收银工作的正常进行，又影响企业的社会形象，最终影响企业的经营活动。因此，收银员和收银领班要妥善处理。

一、收银差异的处理

收银差异是指收银员所收的现金金额与收银机中记录的金额总数之间的差异。当现金金额大于收银机记录的金额时，称为“正差异”；当现金金额小于收银机记录的金额时，称为“负差异”。无论是正差异还是负差异，都属于收银员工作的失误，发生差异后应该找出原因，并采取一定的措施及时补救，将负面影响减少到最低程度。

（一）收银差异产生的原因

收银员在为顾客提供结账服务时，难免会有收银错误的情形发生。如果不立即更正错误，会使顾客对收银员的工作品质及专业能力产生不信任感，同时也会影响到当天营业额的结算平衡以及日后的稽核作业。一般而言，收银错误发生的原因有下列两种：

（1）收款、找零时出现差错：收银员在工作时精力不集中，情绪不正常，没有坚持唱收、唱付的原则。

（2）为顾客结账时发生错误。常见错误有多打或少打价钱；收银员将收银机的相关键按错等。

（二）收银差异处理的原则、方法及技巧

1. 收银差异处理的总体原则

①收银差异必须在24小时内处理；②超出一定金额的收银差异，必须在发现的第一时间报告防损部和营运经理；③收银差异的原因由财务室进行查找，不能有合理解释的，收银员本人必须有书面的解释；④所有收银员的收银差异必须进行登记，计算差异总额和差异率；⑤对于超出规定的收银差异必须由收银员自付。

2. 收银差异处理的方法及技巧

（1）收款、找零发生差错时，处理方法如图3-24所示，要妥善处理。

图3-24　收款、找零发生差错的处理方法流程

具体处理要点可以总结如下，如表3-9所示。

表 3－9　　收款、找零发生差错处理方法的要点

程序	步骤	服务用语	要　点
1	询问	“请问……”“谢谢”	询问交款和找款的数额及特征
2	回忆	“请等一下”“对不起”	回忆交易过程，与顾客讲述对比
3	检查	“对不起”或“没关系”	检查销售小票、与主管一起清点现钞
4	调查	“实在抱歉，请问您……”	向周围证人调查
5	盘点	“对不起”	进行商品盘点
6	请示	“对不起”	求助收银主管
7	处理	“真抱歉”或“对不起”	明确责任，严于律己，宽以待人

（2）为顾客结账发生错误时：①必须礼貌地向客人解释、致歉，并立即更正。②当收银员误将商品价格多打，且账单尚未打出时，可询问客人是否还要购买其他商品，如客人不需要，则应将账单作废，重新打单。③如果账单已经打出，应立刻将打错的购物小票收回，重新打印一张正确的购物小票并双手递给顾客。④礼貌地请顾客在作废的结算单上签字。待顾客离去之后，在一定时间内将结算单记录本填妥，并立即通知相关主管前来签名作证。

（3）顾客携带现金不足或顾客临时退货时：①当顾客所携带的现金不足以支付货款时，可建议顾客选择 1～2 种商品退货。若顾客因钱不足或临时决定不买，绝不能恶语相向。②顾客欲退回其中一两种商品时，必须将已打的发票收回，再重新打出正确的发票给顾客。③礼貌地请顾客在作废发票记录本上签字。待顾客离去之后，在一定时间内通知相关主管前往签名作证。

（4）钱款收付发生错误时：①收银员下班之前，必须先核对收银机内的现金、准现金和当日事先收入金库的现金合计数与收银机结出的累积总账条上的应收数额是否相符。若二者金额不符，且差额（不论是短缺或是盈余）超过一定额度时（此数额可依各超市的营业状况决定），应由收银员撰写报告书，说明短缺或盈余的原因。②若金额短缺，主管可依据收银员个人的情况、收银机当日收入金额分析短缺是由人为还是自然因素所造成，以决定是否应由收银员赔偿该短缺额。③如果发现盈余，即实收现金超过应收现金时，应由收银员退还同等金额。因为现金出现盈余，表明有顾客多支付了购物金额，这将有损于商场及员工的形象，使顾客不愿再度光临。

为了保证收银员执行任务时的正确性及专业性，收银员在金钱收支方面不论是盈余或短缺，都应由收银员自行负责，以明确收银服务的责任，减少舞弊行为的产生。

二、价格差异的处理

价格差异是因商品货架标注价格与 POS 系统显示价格不相同、商品条码价格与 POS 系统显示价格不相同，或因商品摆放位置错误所形成的差异。价格差异处理的原则是：在存在多种价格的情况下，以最低价格成交，尽量尊重顾客的意愿。

收银员应熟悉商品的价格，以便尽早发现错误的标价。特别是每周执行调价后的新价格日，需特别注意调价商品的价格。如果商品的标价与正常价格不符时，应请组长或领班为顾客做价格证实工作。如果是顾客看错了，礼貌询问顾客是否购买，顾客仍然购买的，继续收银；不购买的，在 POS 机上删除该商品项目。如果确实是价格不符，标示价格低于正常价

格时，而且顾客坚持按照标价支付，则收银员应尊重顾客的意愿，这属于理货员的错误。如果同一种商品有多个标价时，应以最低价为准，但如果顾客所购商品数量很大或者价差超过一定数额时，应先查证清楚是工作人员的疏忽还是顾客自行更换标识。收银员发现以上情况，都应该及时通知有关人员处理。

价格差异处理流程如图3－25所示。

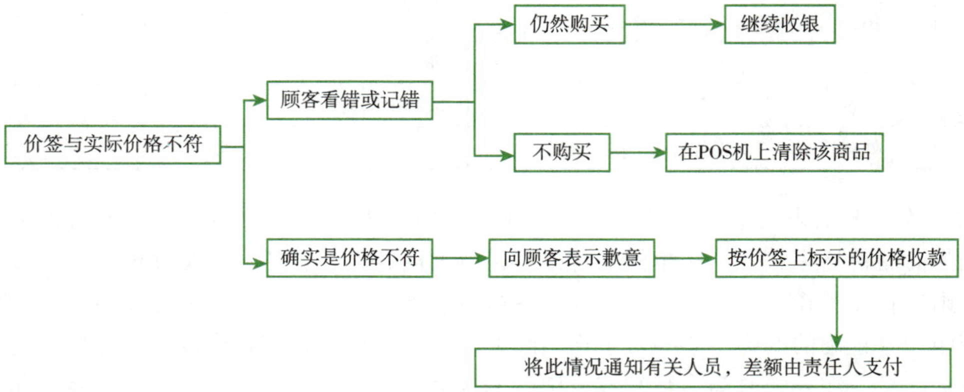

图3－25　价格差异处理流程

三、收银机故障处理

（1）收银机不显示信息。由于收银机放置在卖场中，运行环境较差，此种现象时有发生。如果收银机先前是正常的，突然出现此现象，应该首先检查电源插头是否被碰掉。如果收银机与其他设备插在同一电源插座上，应注意其他设备是否有电，并通告有关收银机维护人员进行相应处理。

当电源正常而收银机没有任何显示时，则有可能是主机板有故障，如由于瞬间电流过大造成主机板熔丝管烧断等。有时由于异物掉入收银机内，也很容易造成收银机损坏，如大头针、水、胶水等落到主机板上，会造成电路短路，烧毁收银机。所以在收银机上严禁乱放杂物。

（2）收银机显示乱码。收银机显示乱码一般是由于意外原因造成内部程序混乱，需要由维护人员进行相应处理。

（3）收银机的打印机不打印或报警。打印机部分不打印一般是打印机某部分被卡住，如果此时按任何键打印机均无反应，也可能是由于出现异常而造成死机状态，需要参考其他现象判断并处理。有的打印机类型在打印机盖下装有压感开关，规定必须关闭收银机盖才允许打印，所以当打印机不打印时应首先检查机盖是否关好，再进行相应处理。

收银机报警常见的故障有两个：①由于打印机内尘土、纸屑过多，挡住传感器，造成报警，这时应打开机盖，用吸尘器或吹风机清理打印机内部。②有物品压在收银机键盘上，造成持续报警。

（4）收银钱箱被卡住。收银员在每次交易后将钱币放在钱箱内，但如果放置过多，超出钱箱的容量，有可能被卡住。尽管有时放置过多钱币没有被卡住，但钱币容易落入抽屉后面。所以当钱币量较多时，应取出一部分另行存放。

（5）条码扫描器故障。条码扫描器扫描商品后，信息会传送给收银机，但有时会因为一些意外造成扫描器无法正常工作：①连接扫描器和收银机的线路由于被碰掉或接口松脱，造成彼此无法通信。②由于意外造成扫描器端口失灵，无法进行数据传输。这时一般可以将扫描器电源断掉，再重新接通，对端口进行复位。③条码扫描器设置意外丢失，则需要重新设置扫描器后才能继续使用。

对于不同型号的收银机，还有一些不同的常见故障，需要依据具体情况分析原因并加以解决。收银员如果无法自己排除故障，一定要通知有关技术人员协助处理。

模块五 POS 管理系统软件操作

目前，商业企业使用的收银系统软件版本较多，但基本按照系统功能，信息档案，后台商品进、销、存管理，前台收银，报表中心和图表分析等模块设置。本节以常见的 POS 软件为例，介绍其操作方法。

一、POS 收银系统的特点

商业 POS 软件超市版是针对流通行业中连锁商业企业的信息管理系统而设计的操作软件。通常，POS 系统具有以下一些特点：

（1）联网销售，实时查询。POS 机通过网络与服务器相连，因此可实时反映单品的最新信息。销售数据直接传送到后台服务器的数据库上，管理人员可利用决策咨询系统的实时查询功能监控全店及各店各部的当前销售情况，可以用列表的方式显示，也可以用柱形图或饼图来显示。

（2）断网销售。POS 机可脱机工作，在网络发生故障时仍能正常销售。一旦网络恢复，POS 机的本地数据立刻上传至服务器。即使在下班前网络仍未恢复正常，也可用软盘将本地数据拷出，再将数据拷入主机。

（3）支持编码/条码。POS 机销售商品时，既可以使用商品编码，也可以使用商品条码。商品编码的最后一位是校验码，这样可以有效地防止串码、误码现象的发生。

（4）多种付款方式。支持储值卡、会员卡、现金、支票、信用卡等付款方式，支持一笔交易多种付款方式。

（5）支持多种促销方式。可以与后台配合，自动打折、手工打折、量贩销售。

（6）后台对前台实施监控功能。后台的收款机监控系统可实时、可视化地监控每台收款机的工作状态。

（7）后台对收款机进行集中式管理。后台可对每台收款机进行集中管理，系统可对每台收款机发布消息和指令，如请将收到的现金上交出纳室、请停止收款、请关机等。

二、收银台工作程序

收银台工作程序由前台当班、前台收款、商品入袋和前台交班四个环节组成。收银员按规范要求操作能避免差错，提高收银工作效率，为顾客创造最好的购物环境。每个环节的操作流程及规范化要求同本章前述内容。

三、前台收银操作

（一）前台当班

前台当班是一天工作的开始，进入前台主界面。点击【前台当班】按钮或按键盘【1】，系统会弹出当班界面，如图 3－26 所示。

图 3－26　前台当班界面

在输入框中输入当班时的零钱（比如 500 元零钱，就在框中输入 500）；然后按【当班】（或 F2）键，此时提示“是否真的当班”，按【是】，钱箱便弹出，将零钱放入钱箱，即可完成当班工作。

（二）前台收款

前台当班工作完成后，即可进行前台收款操作。前台收款界面如图 3－27 所示。

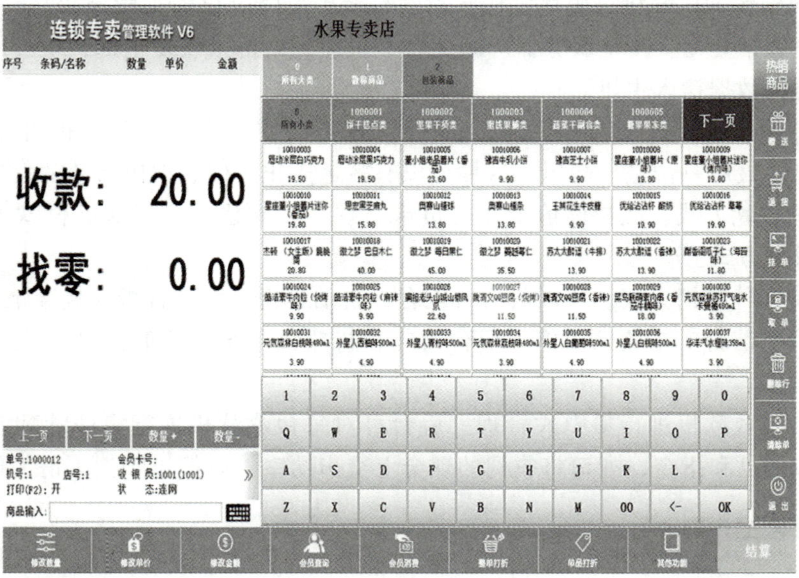

图 3－27　前台收款界面

各功能键操作说明：

（1）Esc：退出收款界面。退出收款界面，只需按【Esc】键，然后按【Y】键。

（2）+或F2：收款。当商品全部扫描到界面上后，就可以按【+】或者【F2】键进行收款操作。

（3）F3：输入业务员姓名。如果前台需要输入业务员姓名，可按【F3】键，然后输入业务员编号。业务员编号就是员工编号，可在后台员工档案中设置。在这里要注意的是：如果在后台参数设置中没有设置“业务员姓名”，那么在这里就调不出业务员姓名，所以如果需要在前台输入业务员姓名，那么在后台参数设置中一定要设置有业务员姓名才行。

（4）F4：挂单。挂单的意思是：如果某单在输入的过程中，客户突然说还要买点别的，此时就可按【F4】键将这个单挂起来，接着可以给其他客户收款。

（5）F5：取单。取单是指刚刚挂单的客户又回来了，就可以按【F5】键，选择需要调取的单据，调出挂起的单，继续收款操作。

（6）—或F6：修改数量。如果收款过程中，遇到同种商品买几件的情况，可先按【—】键或【F6】键将数量改为销售的数量，然后输入商品的条码，那么销售的商品数量就是刚输入的数量。

（7）/或F7：修改折扣。如果收款过程中，有的商品需要打折，可先按【/】键或【F7】键将折扣改为销售的折扣；然后输入商品的条码，那么销售的商品就是以刚输入的折扣进行销售。输入折扣时注意：如果是九折，那么输入的数字是“90%”；八五折的话，输入的是数字“85%”。

（8）*或F8：单品改价。如果收款过程中，有的商品需要更改价格的话，可先按【*】键或【F8】键将价格改为销售价格；然后输入商品的条码，那么销售商品的价格就是刚输入的价格。

（9）F9：整单删除。如果收款过程中，当输入了一些商品后，客户说不需要了，那么在这种情况下就可以按【F9】键将该单删除。

（10）F10：查单。如果需要查询今天的销售单，那么可按【F10】键进行查询，不过在此只能查询当天该操作员打印的单据。

（11）F11：表格栏与输入商品窗切换。在输入的过程中，如果有某个商品输入错了，可按【F11】键切换到表格栏中，然后选中输入错的那个商品按【Delete】键，即可将该商品删除。

（12）F12：开钱箱。在收款的过程中，如果中途需要开钱箱，可按【F12】键，输入密码后便可将钱箱弹出。

（13）Ctrl+T：提款。在收款的过程中，如果中途钱箱的钱太多了，或者需要钱急用，可按【Ctrl】+【T】组合键提一部分款，打印小票，然后由提款人签名。

（14）Ctrl+S：赠送。销售的过程中如果有赠送的情况，可按【Ctrl】+【S】组合键，然后输入商品条码，此时该商品的单价为零，表示该商品是赠送出库的。

（15）Ctrl+K：锁屏。如果收银员中途需要离开一会儿或是有其他事情，可按【Ctrl】+【K】组合键进行前台收银锁屏，输入锁屏密码。值得注意的是，此时输入的密码一定要记住，不然如果没有密码的话，等一下只有关机才行。

（16）Ctrl+F8：查客户资料。前台如果想查询客户资料，可按【Ctrl】+【F8】组合键，在弹出的界面中输入客户的编号、名称或电话，都可以查询到该客户，并可查询到该客户的其他信息（累计购物额、累计积分等），在前台可以进行积分加减操作。

（17）Ctrl + F11：查商品信息。前台如果想查询商品的信息，可按【Ctrl】+【F11】组合键，在弹出的界面中输入商品的条码、编号或名称，可以模糊查询到商品的详细资料。

（18）Ctrl + F12：取资料。如果在后台修改了一些基本资料信息，而前台又没有退出系统，当重新进入前台时，这些修改的信息在前台是不能体现出来的，此时就可以在前台直接按【Ctrl】+【F12】组合键取一次资料。

前台在按了【+】键或者是【F2】键时，系统会弹出如图 3－28 所示界面。

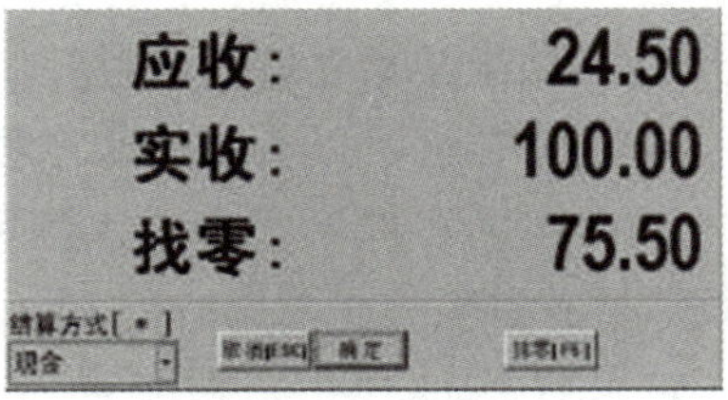

图 3－28　前台收款界面

在此界面中显示“应收”“实收”“找零”栏目。“应收”表示本单的合计金额；“实收”表示本单实际收取客户的金额；“找零”表示需要找给客户的金额（实收－应收）。

如果有客户在收款时需要去掉零头，可按【抹零】按钮，在弹出的界面中输入需要抹去的金额，那么应收金额就会减去抹掉的那部分金额。

如果客户是会员客户或者是储值卡客户，那么可在此按【/】键，输入会员或储值卡卡号，系统便会自动根据会员的优惠方式进行打折，那么应收就会变成会员应收；如果是储值卡客户，那么此单的金额会直接从卡里扣除。

（三）销售明细

前台可以查询当天的销售明细，不过只能查询当班收银员的收银记录，不可打印。可以按单据编号、商品名称、类别、单据类型等查询前台的销售情况。

（1）单据编号：前台收银的单据编号。

（2）自编码/条码：商品条码或者是商品的店内码。

（3）商品名称：商品的名称或者是商品的全称。

（4）规格：商品的规格和型号。

（5）单位：商品的基本单位。

（6）数量：商品的销售数量。

（7）单价：商品的销售价格。

（8）金额：销售数量 × 销售价格。

（四）前台交班

当一天的工作完成后，最后需要做的工作便是前台交班。交班时打印交班记录表，表中记录交班操作员、当班时间、交班时间、当班时钱箱余额、收款金额、交易笔数等信息（见图 3－29），收银员最后将交班报表和现金一并交给财务核对。

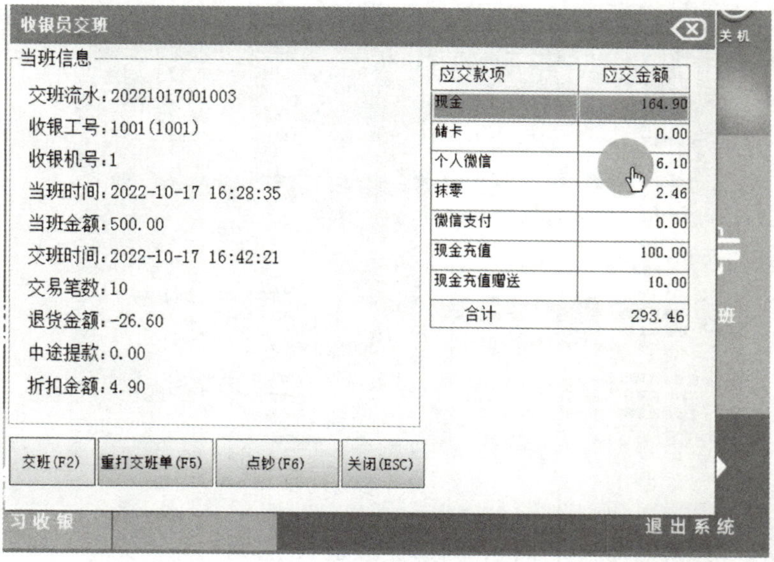

图 3-29 前台交班界面

(五) 修改密码

收银员可以更改自己的密码，操作方法很简单。首先，进入“修改密码”界面，在弹出的界面中输入一次旧密码，然后再输入两次新密码，最后按【确定】键即可完成。

需要注意的是：两次新密码一定要相同，否则不可更改密码（见图 3-30）。

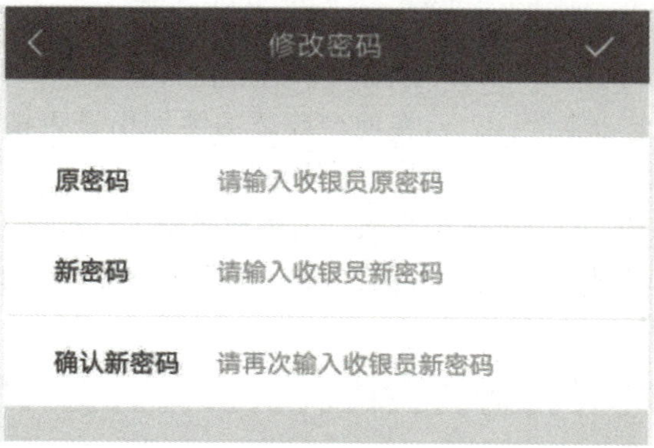

图 3-30 修改密码界面

(六) 参数设置

参数设置是最重要的一步，一般由系统管理员进行操作（见图 3-31）。

(1) 钱箱：如果接有钱箱，则选择“有”；否则选择“无”。

钱箱接口有四种：接 EPSON 或 POS58 打印机、接 STAR 票据打印机、接钱箱卡或其票据打印机、接 DIY 顾客显示屏。这四种接口，根据自己的情况选择适当的接口，在选择完后，点击【测试】按钮，试一下钱箱是否会弹出。

(2) 顾客显示屏：如果接有顾客显示屏，则选择“有”；否则选择“无”。

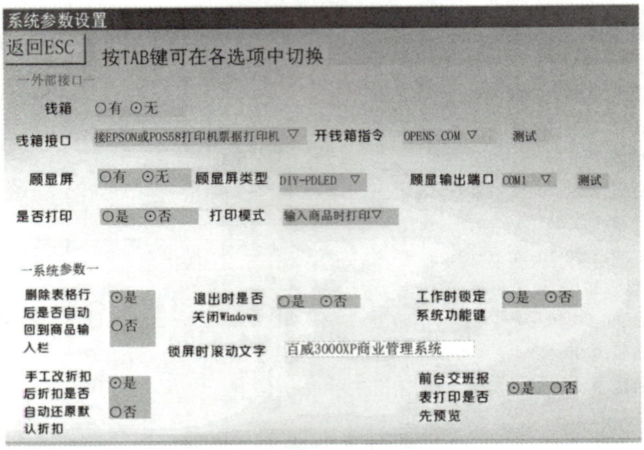

图 3－31　参数设置

（3）是否打印：如果接有打印机，则选择“是”，否则选择“无”。

（4）打印模式：分为收款时打印和输入商品时打印两种。如果是选择收款时打印，那么在输入商品时就不会打印，只有收完款才开始打印；而如果选择输入商品时打印，那么每输入一个商品都会打印，那样的话会节约打印时间，客户只要交完钱就可以把小票打完。一般情况下都是选择输入商品时打印。如果是选择收款时打印，那么下一个选择会提示是否在打印前预览，如果不想预览就选择“否”。

（5）删除表格行后是否自动回到商品输入栏：表示前台收款时，如果按【F11】键到表格后，删除某条商品后，是否自动将光标回到商品输入框。

（6）手工改折扣后，折扣是否自动还原到默认折扣：表示如果按【F7】键手工修改商品折扣的话，折扣是否自动还原到默认折扣。

（7）工作时是否锁定功能键：表示在前台收款的界面中是否锁定其他功能键，只能是收款的界面，按其他功能键都无效，最小化的按钮也没有。

（8）锁屏时滚动文字：表示在前台收款界面中如果锁屏，屏幕上显示的滚动字幕。

（9）前台交班时打印报表是否先预览：表示在前台交班时，打印报表之前是否需要预览。

（七）员工考勤

有些系统提供了一个独特的功能——前台考勤。所有的员工可以配备一张考勤卡，在每天上班或者是下班的时候通过员工考勤刷卡，将考勤数据记录到计算机中。进入员工考勤后，在显示的界面上有三个按钮：“员工上班刷卡”“员工下班刷卡”“退出”。如果员工需要上班刷卡，那么就点击“员工上班刷卡”按钮，此时收银机屏幕上会弹出请刷卡的界面，然后在此界面中将员工的考勤卡刷一次就可以了。同样，员工下班刷卡也是这样操作的。

（八）退出系统

如果所有的工作全部完成或者是中途需要退出系统的话，就按退出系统按钮，或者按【Esc】按钮也可以，此时系统便全部退出。

实战演练

一、不定项选择题

1. 收银员在收银过程中要对顾客所购买商品上的条码进行扫描，以录入商品销售信息，条码扫描的方式主要有（　　）。

A. 机器扫描　　B. 电子扫描　　C. 人工扫描　　D. 激光扫描

2. 条码扫描的原则是（　　）。

A. 准确原则　　B. 快速原则　　C. 无多扫描　　D. 无漏扫描

3. 常见消磁例外有（　　）。

A. 消磁器故障　　B. 重复消磁　　C. 漏消磁　　D. 消磁无效

4. 在整个收款机的操作流程中，由收银员操作的只是其中的一部分流程，其他部分则分别由（　　）负责。

A. 理货员　　B. 促销员　　C. 系统员　　D. 管理员

5. 收银员工作流程可以按工作时段分为（　　）。

A. 营业前的收银准备流程　　B. 营业中的收银工作流程

C. 营业快结束时的收银工作流程　　D. 营业结束后的收银工作流程

6. 营业前的收银准备流程是收银工作的起点，本阶段总体要求是（　　）。

A. 准备认真　　B. 充分　　C. 不迟到　　D. 开好晨会

7. 收银台是每个商业企业的服务窗口，收银员的行为关系到企业的形象。收银员服装仪容的检查应包括（　　）。

A. 统一着装　　B. 制服是否整洁

C. 是否佩戴好工号牌　　D. 发型、仪容是否清爽、整洁

8. 每天超市营业前，晨会和礼仪训练的主要内容是（　　）。

A. 总结前一天收银工作的情况　　B. 布置当天收银工作的任务

C. 强调收银工作的规范和要求　　D. 提醒收银员防止发生收银差错

9. 营业中的收银工作流程是收银工作四个阶段中最重要、最核心的流程。本阶段总体要求是（　　）。

A. 正确　　B. 礼貌　　C. 迅速　　D. 唱收唱付

10. 现金收款方式的操作流程主要包括（　　）环节。

A. 收款　　B. 验钞　　C. 打单　　D. 找零

11. 检验伪钞、残损钞的要点是（　　）。

A. 请人鉴定　　B. 点看结合　　C. 注意手感　　D. 抓住疑点

E. 机器检测

12. 采用现金收款方式时，在收付环节应该遵循的原则有（　　）。

A. 唱收唱付　　B. 正确找零　　C. 思想集中　　D. 双手递交

13. 目前，我国大多数商场和超市所接触的银行卡有（　　）。

A. 借记卡　　B. 信用卡　　C. 贵宾卡　　D. 储蓄卡

14. 支票可分为（　　）。

A. 现金支票　　B. 转账支票　　C. 空头支票　　D. 普通支票

15. 下列商品中，既不能退货也不能换货的商品是（　　）。

A. 电池　　B. 泳衣

C. 售出后因自然灾害造成损失的商品　　D. 清仓品

16. 在存在多种价格的情况下，价格差异处理的原则是（　　）。

A. 以低价格成交　　B. 以最高价格成交

C. 以实际价格成交　　D. 尽量尊重顾客的意愿

17. 收银台工作程序是收银员上岗的规范化要求，它由（　　）环节组成。

A. 前台当班　　B. 前台收款　　C. 商品入袋　　D. 前台交班

18. 收银员交班后，如果发现盈余，即实收现金超过应收现金时，应该采取的措施有（　　）。

A. 由收银员支付同等金额　　B. 由商家寻找顾客并退回多收款

C. 盈余归收银员所有　　D. 留作收银风险金弥补短款

二、判断题

1. POS 收银机操作简单，还大大减轻了收银员的脑力负担，实现了节省人力、物力、财力和提高工作效率的目标。（　　）

2. 通过 POS 系统能够记录每位顾客的购物情况，分析卖场购物高峰及顾客购物倾向，为确定合理的商品结构提供及时、准确的科学依据，提高了企业经营利润。（　　）

3. 只有正在过机扫描收款的当值收银员才能对商品进行消磁。（　　）

4. 消磁工作的要求是 99% 正确，不增加顾客投诉和出口处稽核员的工作负担。（　　）

5. 收银员装袋作业管理要求做到：安全、便利、正确、妥当、高效和节约，要根据商品型号和特点选择使用大小不同的购物袋。通过收银员给顾客提供的细致、周到的商品包装服务，可以为超市赢得更多的顾客。（　　）

6. 零用金应包括各种面值的纸币及硬币，其金额可以根据营业规律来确定，每台收银机每日的零用金可以不相同。（　　）

7. 收银员在营业过程中应随时检查零用金是否足够，发现不足时可以找其他收银员兑换。（　　）

8. 如果用手工方式仍然不能确定人民币真伪时，可以使用验钞机进行检测，为提高保险系数，一般对于所收大面额的钞票应同时用手工验钞和机器验钞两种方式检测。（　　）

9. 找零时应按最大面值的现金组合，以节约零钞。但零钞不够时，可以用水果糖、口香糖、餐巾纸等小物品代替。（　　）

10. 收银员找零时，如果顾客较多，可以直接将零钞、单据放在购物袋或收银机台上。（　　）

11. 在收银员暂时下岗停止收银时，可以随时将“暂停收银”牌向着顾客排队结账的方向示出。（　　）

12. 目前，我国大多数商场和超市所接触的银行卡有借记卡和信用卡两类。借记卡能在银行透支，必须凭密码在 ATM 机和 POS 机上取款或消费；信用卡是少数顾客所持有的，它不能透支，可以在 ATM 机和 POS 机上取款或消费。 ( )

13. 现金支票只能用于支取现金。转账支票只能用于转账。普通支票既可以用于支取现金，也可以用于转账。 ( )

14. 支票提示付款期自出票日起 15 日，但中国人民银行另有规定的除外，超过提示付款期限提示付款的，持票人开户银行不予受理，付款人不予付款。 ( )

15. 开发票时应该按顾客的实际需要填写，可以虚开发票或填开空白发票。 ( )

16. 退换货总的原则是：可退可换，以换为主；可换可修，以修为主。 ( )

17. 收银差异必须在 48 小时内进行处理。 ( )

18. 收银员在金钱收支方面不论是盈余或短缺，都应由商家负责，以明确收银员的责任，减少舞弊行为的产生。 ( )

19. 收款、找零出现差错，不管是什么原因，收银员首先自我检查，即使是顾客的错，也要注意不与顾客发生纠纷。 ( )

20. 应找顾客零钱而没有时，应礼貌地问顾客："您有 × × 的零钱吗？"如顾客有，应说"谢谢"；如果没有，要说："对不起，请稍等，我去换"，然后立即向收银主管兑换零钱。 ( )

21. 当顾客发现随身携带的现金不足以支付货款时，应好语安慰，建议顾客退掉部分商品；如果已经打好单据，则将其收回，重新为顾客打印一份结算单。 ( )

22. POS 软件中参数设置是最重要的一步，一般由收银员来设置。 ( )

三、简答题

1. 某顾客结账后，核对计算机小票时发现其中有一瓶饮料的价格异常，经查属于收银机误将一箱饮料的价格当作了一瓶的价格，请问该收银员有过失吗？店方应该如何处理？

2. 防盗标签类型、特点与消磁方法是什么？

3. 某顾客结账后，在通过防盗门时被发现其中有一件内衣虽然已经付款，但没有消磁，请问作为收银员及相关人员应如何处理？

4. 简述收银员营业前的收银准备流程。

5. 简述收银员营业中的收银工作流程。

6. 简述收银员营业快结束时的工作流程。

7. 简述收银员营业结束后的工作流程。

8. 简述收银员在收到伪钞、残损钞时的处理方法。

9. 简述银行卡的使用流程。

10. 简述支票收银业务的操作流程。

11. 简述收银差异处理的总体原则。

12. 简述收款、找零发生差错时的处理方法。

四、实训题

1. 前台系统：在电子收银机上分别采用机器扫描和手工录入两种方式完成以下 10 件商品的前台收银工作（见表 3－10）。

表 3－10　　商品信息表

商品条码	商品名称	数　量	单　位	零售价（元）
6935487984444	黄鹤楼白酒	20	瓶	15.00
6925448777776	屈臣氏面膜粉	8	袋	8.00
6915546833355	碧浪洗衣粉	10	袋	4.00
6906587989878	全棉毛巾	30	条	5.00
6912344679325	红富士牌床单	2	床	45.00
6903364875798	美丽牌床单	3	床	46.00
6925483333457	牛黄解毒片	36	盒	4.00
6915487987546	感冒清	20	盒	6.00
9787804936851	哈利·波特	1	本	21.00
9769879464136	白雪公主	3	本	19.00

【实训目的】熟练操作 POS 前台系统进行前台收款。

【实训内容】（1）参数设置；（2）前台当班；（3）前台收款；（4）前台交班。

【实训步骤】

（1）进入前台系统。

（2）打开钱箱并放入 500 元零钱（可自制代金券或以练功券充当）。

（3）进入前台当班，输入钱箱初始备用金金额为 500 元。

（4）进入前台收款界面，练习各功能键的使用，完成以下 10 件商品的前台收银工作。

（5）商品装袋：帮助顾客将以下 10 件商品放入袋中。

（6）进入前台交班界面，办理交班手续。

【实训要求】

（1）前台收银的操作一律不得使用鼠标。

（2）前台收款时，练习用扫描枪与手工录入条码两种方式。

（3）课前要准备好以下商品的条码或替代品。

（4）要求收银过程中站立服务、微笑服务、唱收唱付、热情周到。

【实训考核】

（1）分别考核按采用机器扫描和手工录入两种方式完成以上 10 件商品的前台收银工作。

（2）按照实训步骤、操作熟练程度、应收金额正确与否、着装与仪表、服务态度、服务语言、动作规范化和标准化程度等 8 个方面表现打分，每项满分 12.5 分。

（3）采用机器扫描方式收银时限时 1 分 30 秒；采用手工录入方式收银时限时 2 分钟。

2. 商品装袋。

【实训目的】掌握商品装袋操作规范要求。

【实训要求】

（1）教师需准备各种模拟商品，如食品、服装、蔬菜、日用品，包括固态、液态、易碎品等。

（2）每位学生按要求进行商品装袋练习。可以分组练习，指定小组长监督考核。

【实训考核】教师在小组考核的基础上进行考核评分。

3. 支票审验。

【实训目的】通过实训熟练掌握支票审验的项目和要求。

【实训要求】

（1）10月20日，陆陆工贸有限公司到某超市购买办公用品64 728.60元，带来本公司转账支票一张交超市收银员填写，下面的转账支票就是已填写完的支票（见图3－32），请审验。

（2）重新填写一张正确的支票（见图3－33）。

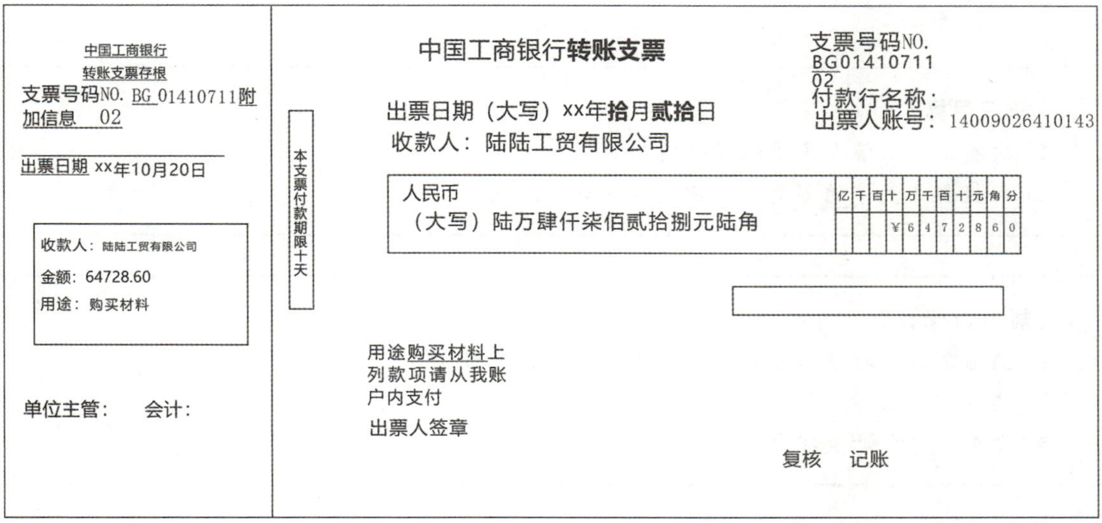

中国工商银行
转账支票存根
支票号码NO. BG 01410711附加信息 02
出票日期 xx年10月20日
收款人：陆陆工贸有限公司
金额：64728.60
用途：购买材料
单位主管： 会计：

本支票付款期限十天

中国工商银行转账支票
支票号码NO. BG01410711 02
出票日期（大写）xx年拾月贰拾日
付款行名称：
收款人：陆陆工贸有限公司
出票人账号：14009026410143
人民币（大写）陆万肆仟柒佰贰拾捌元陆角

亿	千	百	十	万	千	百	十	元	角	分
			¥	6	4	7	2	8	6	0

用途购买材料上列款项请从我账户内支付
出票人签章
复核 记账

图3－32

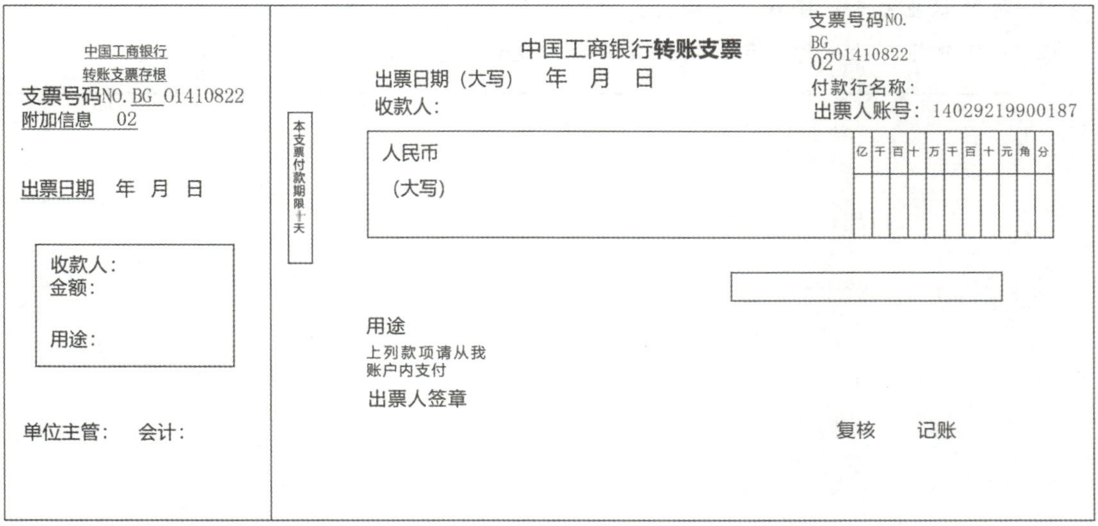

中国工商银行
转账支票存根
支票号码NO. BG 01410822
附加信息 02
出票日期 年 月 日
收款人：
金额：
用途：
单位主管： 会计：

本支票付款期限十天

中国工商银行转账支票
支票号码NO. BG 02 01410822
出票日期（大写） 年 月 日
付款行名称：
收款人：
出票人账号：14029219900187
人民币（大写）

亿	千	百	十	万	千	百	十	元	角	分

用途
上列款项请从我账户内支付
出票人签章
复核 记账

图3－33

项目四
收银员基本技能

【知识目标】

1. 熟悉不同面值人民币的防伪特征。
2. 掌握会计数字的书写规则及错误的订正方法。

【能力目标】

1. 熟练掌握单指单张点钞法，掌握多指多张点钞法。
2. 熟练掌握验钞技术。
3. 熟练掌握会计数字书写规范。

【素质目标】

1. 提升职业素养，保持职业能力，确保清点及货币识别的准确性。
2. 严守收银职业道德规范，增强责任心，提升服务意识。

【思维导图】

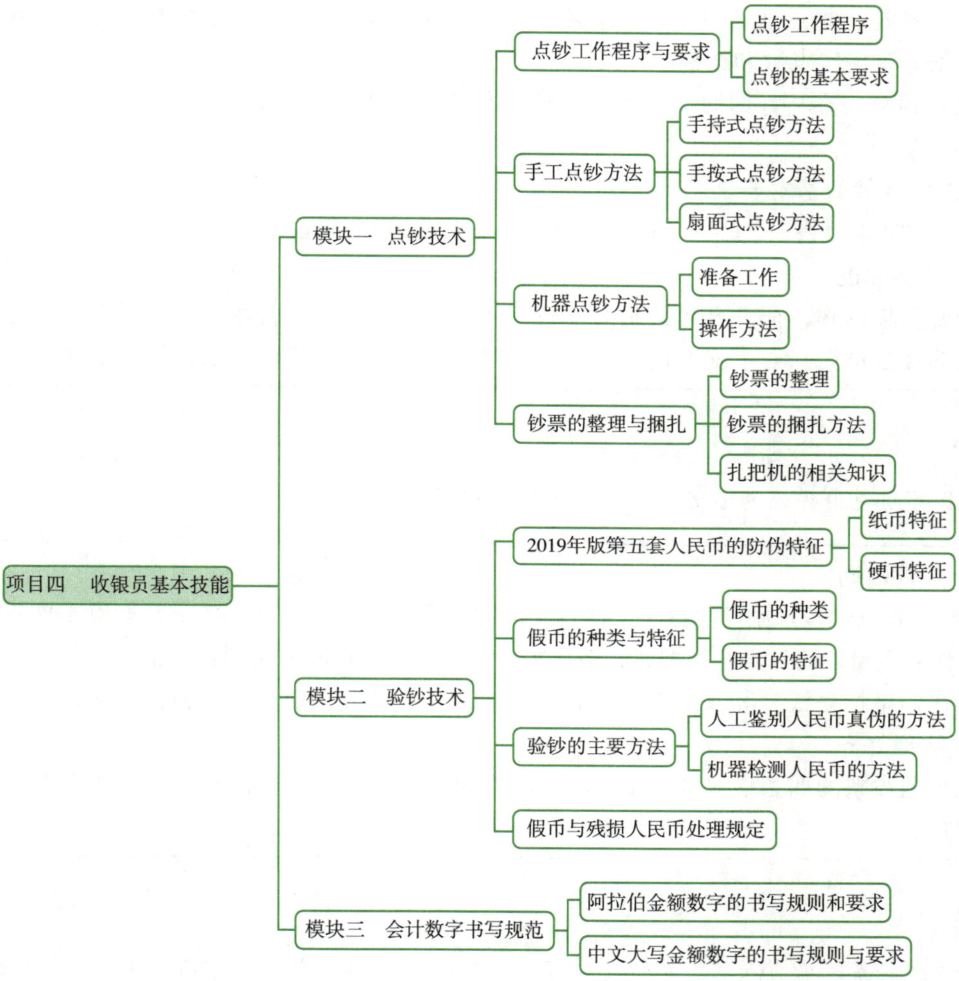

模块一　点 钞 技 术

一、点钞工作程序与要求

（一）点钞工作程序

点钞工作程序是：拆把→点数→扎把→盖章。

（1）拆把：把待点的成把钞票的封条拆掉，同时做好点数的准备。

（2）点数：点数时，要求手中点钞，眼睛紧盯捻动的钞票，脑中记数。手、眼、脑三位一体，协调配合，点准100张钞票。

（3）扎把：把点准的100张（或不足百张）的钞票蹾齐，并用捆钱条扎紧，不足百张在捆钱条上写出实点数和金额。

（4）盖章：在扎好的捆钱条上加盖经办人名章，以明确责任。

（二）点钞的基本要求

为了“准”“快”“好”地做好点钞工作，应做到以下几点：

1. 身姿端正

①要直腰挺胸，全身自然，肌肉放松；②坐立时要把双肘自然地放在桌上，同时持票的左手腕部接触桌面，右手腕部稍微抬起，这样才能做到整点货币轻松自如、活动持久。

> **提示：**
>
> 长时间使用错误的姿势会造成肌肉僵硬甚至拉伤。

2. 点数准确

“准”是点钞技术中的关键字，清点和记数的准确是点钞的基本要求。点数不准不仅影响日常工作的质量，而且会产生差错，造成损失。所以，点数时要做到：①精神要集中。②坚持定型操作，坚持复核。③双手点钞，眼睛看钞，脑子记数，手、眼、脑紧密配合。

3. 清理整齐

就是把钞票的四条边对齐，不露头，卷角拉平。当点完一把钞票以后，要把钞票蹾齐后才能扎把。

> **提示：**
>
> 钞票不齐就不易点准。对折角、弯折、揉搓过的钞券要将其弄直、抹平，明显破裂、质软的钞票要先挑出来。

4. 扎把牢固

点好的钞票应捆扎牢固，以不散把、抽不出钞票为准。扎小把要以提起把中的第一张钞票而不被抽出为准，扎“井”字形捆扎的大把，以用力推不开、抽不出钞票为准。

5. 盖章清晰

每个人整点后都要盖章，并且图章要清晰可辨，因为捆钱条上的名章是分清责任的标志。

二、手工点钞方法

（一）手持式点钞方法

手持式点钞方法较多，这里主要介绍手持式单指单张点钞法和多指多张点钞法。

1. 手持式单指单张点钞法

单指单张点钞法是指用一个手指一次点一张的方法，它是点钞中最基本也是最常用的一种方法。它适用的范围较广，可用于收款、付款和整点各种新旧、大小面额的钞票。使用这种点钞法，由于持票面积小，清点钞票时能看到票面的3/4，逐张捻动手感强，因而容易发现假钞，便于挑剔残损币。缺点是点一张记一个数，比较费力。具体操作方法可分为持把、清点、记数、挑残、蹾齐、扎把、盖章 7 个步骤。手持式单指单张点钞法是我们学习的重点。

（1）持票与拆把。左手横执钞票，钞票正面朝向点钞员身体，左手拇指在钞票正面左端约 1/4 处，食指与中指在钞票的背面与拇指同时捏住钞票，无名指与小指自然弯曲并伸向钞票前左下方，与中指夹紧钞票，食指伸直，拇指向上移动，按住钞票侧面，与中指同时用力将钞票压成瓦形的同时，右手拇指、食指、中指蘸水做点钞准备（见图 4－1）。

图 4－1　手持式单指单张点钞法
——持票

提示：

在工作中一般是初点时脱腰条，复点时将腰条勾断。

（2）清点。拆把后，左手持钞稍斜并形成瓦形。右手食指托住钞票背面右上角，用拇指指尖逐张向下捻动钞票的右上角，捻动幅度要小，不要抬得过高，要轻捻。右手食指在钞票背面的右端托住少量钞票配合拇指捻动，中指翘起（不要触及钞票）沾水备用，无名指将捻起的钞票往怀里弹，每捻下一张弹一次，要注意轻点快弹。清点中，拇指沾的水用完时，可以与中指稍沾一下，即可点完 100 张。同时，左手拇指也要配合动作，当右手将钞票下捻时，左手拇指要随即向后移动，并用指尖向外推动钞票，以利捻钞时下钞均匀。

提示：

清点是点钞的关键环节。清点的速度和清点的准确性直接关系到点钞的准确性与速度。因此，要勤学苦练清点基本功，做到清点既快又准。

（3）记数。在清点钞票的同时要记数。由于单指单张每次只捻一张钞票，记数也必须一张一张地记，直至记到 100 张。从“1”到“100”的数中，绝大多数是两位数，记数速度往往跟不上捻钞速度，所以必须巧记。通常可采用分组记数法。分组记数法有两种方法：

一种是1，2，3，4，5，6，7，8，9，1；1，2，3，4，5，6，7，8，9，2……1，2，3，4，5，6，7，8，9，10。这样正好100张。这种方法是把100个数编成10个组，每个组都由10个一位数组成，前面9个数都表示张数，最后一个数既表示这一组的第10张，又表示这个组的组序号码即第几组。这样在点数时记数的频率和捻钞的速度能基本吻合。另一种是0，2，3，4，5，6，7，8，9，10；1，2，3，4，5，6，7，8，9，10……9，2，3，4，5，6，7，8，9，10。这种记数方法的原则与前种相同，不同的是把组序号码放在每组数的前面。这两种记数方法既简洁迅速又省力好记，有利于准确记数。记数时要注意不要用嘴念出声来，要用心记，做到心、眼、手三者密切配合。

（4）挑残破币。在清点过程中，如发现残破钞票，用右手中指、无名指夹住残破钞票将其向外边折叠，使钞票伸出外面一截，待点完100张后，抽出残破钞票，补上好的钞票。

（5）蹾齐。点完100张后，左手拇指与食指、中指之间捏住钞票，无名指、小指伸向钞票的背面，使钞票正面朝向身体横执在桌面上，左右手松拢蹾齐，再将钞票竖起蹾齐，使钞票四端整齐，然后左手持票做扎把准备。

（6）扎把。左手横执钞票，右手取纸条将钞票捆扎牢固。扎把方法可依据自己的习惯，采用拧扎法或缠绕捆扎法。有捆钞机的，可把整把钞票放入捆钞机内，机器会自动捆钞。

（7）盖章。钞票扎把后，都要加盖自己的名章，名章应盖在钞票上侧的捆线条上，而且要清晰（见图4－2）。

图4－2　手持式单指单张点钞法——盖章

注意：

单指单张点钞法的要求：点，要准；挑，要净；蹾，要齐；捆，要紧。

2. 手持式多指多张点钞法

多指多张点钞法是指点钞时用右（或左）手的小指、无名指、中指和食指依次各往右下拨捻1张钞票，一次点捻4张钞票，轮回清点的方法，也称为“四指四张”点钞法。它适用于收款、付款和整点工作，是一种适用广泛，比较适合柜面收付款业务的点钞方法。它的优点是速度快、效率高，能够逐张识别假币和挑剔残损破钞。具体操作方法是：

（1）持票。钞票横立，左（或右）手持钞。持钞时，手心朝胸前，手指向下，中指在票前，食指、无名指、小指在后，将钞票夹紧；以中指为轴心五指自然弯曲，中指第二关节顶住钞券，向外用力，小指、无名指、食指、拇指同时向手心方向用力，将钞票压成“U”形（见图4－3），“U”口朝里；这里要注意食指和拇指要从右上侧将钞券往里下方轻压，打开成微扇；手腕向里转动90度，使钞票的凹面向左但略朝里，凸面朝外向右；中指和无名指夹住钞票，食指移到钞票外侧面，用指尖管住钞票，以防下滑，大拇指轻轻按住钞票外上侧，既防钞票下滑又要配合右手清点。最后，左（或右）手将钞票移至胸前约20厘米的位置，右（或左）手五指同时蘸水，做好清点准备。

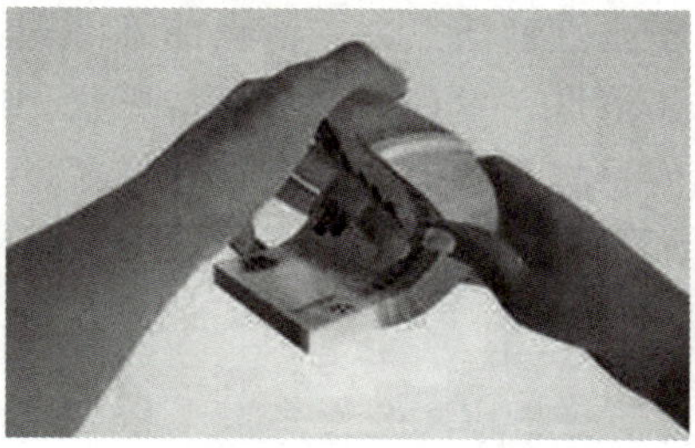

图4－3　手持式多指多张点钞法——持票

（2）清点。两只手摆放要自然。一般左（或右）手持钞略低，右（或左）手手腕抬起高于左（或右）手。清点时，右（或左）手拇指轻轻托住内上角里侧的少量钞票；其余四指自然并拢，弯曲成弓形；食指在上，中指、无名指、小指依次略低，4个指尖呈一条斜线（见图4－4）。然后从小指开始，四个指尖依次顺序各往右拨捻下1张，四指共捻4张。接着以同样的方法清点，循环往复，点完25次即点完100张。

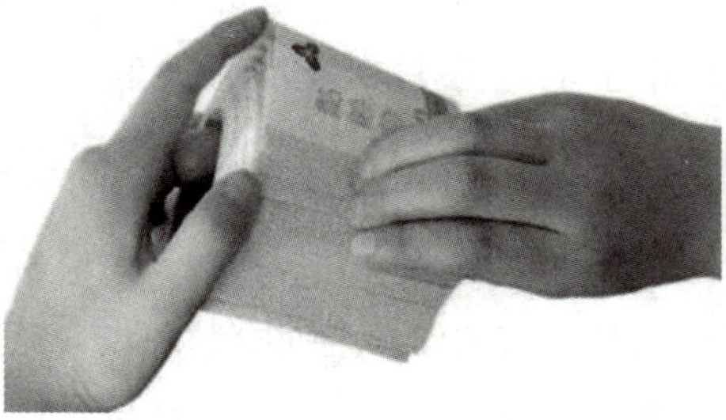

图4－4　手持式多指多张点钞法——清点

人工点钞操作要点：

一是捻钞票时动作要连续，拨张时一次一次连续不断，当食指捻下本次最后一张时，小指要紧紧跟上，每次之间不要间歇。

二是捻钞的幅度要小，手指离票面不要过远，四个指头要一起动作，加快往返速度。

三是四个指头与票面接触面要小，应用指尖接触票面进行捻动。

四是右（或左）手拇指随着钞票的不断下捻向前移动，托住钞票，但不能离开钞票。

五是在右（或左）手捻钞的同时左（或右）手要配合动作，每当右（或左）手捻下一次钞票，左（或右）手拇指就要推动一次，二指同时松开，使捻出的钞票自然下落，再按住未点的钞券，往复动作，使下钞顺畅自如。

（3）记数。采用分组记数法，以四个指头顺序捻下4张为一次，每次为一组，25次即25组即为100张。

（4）扎把与盖章。扎把与盖章的方法与手持式单指单张点钞法相同。采用手持式多指多张点钞法点钞，清点前不必先折纸条，只要捆扎钞票的腰条纸挪移到钞票1/4处就可以开始清点，发现问题可保持原状，便于追查。清点完毕后，初点不用勾断腰条纸，复点完时顺便将腰条纸勾断，重新扎把盖章。

提示：

手持式多指多张点钞法的难度动作是右（或左）手四指的捻拨，要注意将四指并拢，减少动作幅度。练习时只要求掌握动作的基本要领，并注意与分组记数法密切配合。

（二）手按式点钞方法

手按式点钞法有手按式“单指单张”点钞法和手按式“双指双张”点钞法。这里主要介绍手按式单指单张点钞法。

手按式单指单张点钞法看到钞票的面积大，便于挑剔残破票和发现假票，只是点钞速度比手持式单指单张点钞法慢，劳动强度相对来说也要大些。这种点钞法适于收款、付款和整点各种新旧、大小面额的钞票，特别适宜整点辅币及残破券多的钞票。具体操作方法如下：

1. 按钞

将钞票横放在桌上，距离胸前20厘米左右，两手小指、无名指、中指和食指并拢，向里稍弯曲，指尖朝下，稍用力分别压住钞票两端上角，用左手食指（或拇指）勾断纸条。

2. 清点

点钞时用左手无名指、小指按住钞票的左上角，用右手拇指托起部分钞票的右下角，票角稍向前弯曲，接着用右手食指从托起的钞票上面捻起一张（见图4－5）。每捻起一张，左手拇指即往上推动送至左手食指、中指之间夹住，依此连续操作。

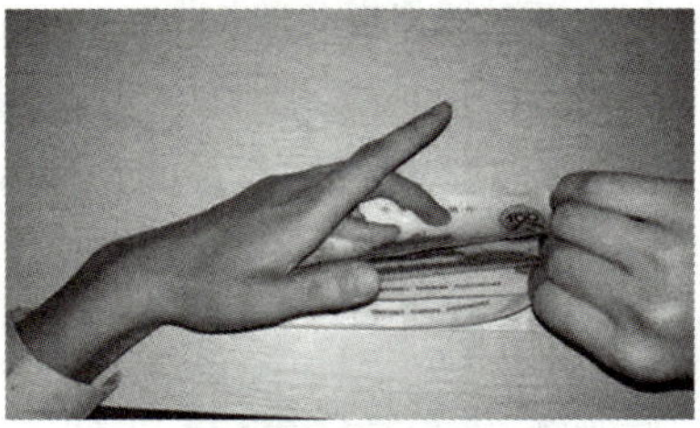

图4－5　手按式点钞法——清点

3. 记数、扎把、盖章

手按式单指单张点钞法的记数、扎把、盖章方法与手持式单指单张点钞法相同。

提示：

练习时必须依靠桌面，在练习中应严格两手的分工，注重掌握动作要领，并应特别注意挑剔残破旧票的练习。

（三）扇面式点钞方法

扇面式点钞法就是把钞票捻成扇面状进行清点的方法。这种点钞方法速度快，是手工点钞中效率最高的一种。但它只适合清点新票币，不适用于清点新、旧、破混合在一起的钞票。其具体操作方法如下：

1. 持票

钞票竖拿，左手拇指在票前下部中间票面约 1/4 处。食指、中指在票后同拇指一起捏住钞票，无名指和小指握向手心。右手拇指指尖与食指指尖捏住钞票正面纸条折弯处，将纸条撕断。然后右手拇指在左手拇指的上端，用虎口从右侧卡住钞票成瓦形，食指、中指、无名指、小指均横在钞票背面，准备开扇。

2. 开扇

以左手拇指为轴（即持票的拇指在原位置上动作），右手用虎口握住钞票背面将钞票向胸前左下方压，然后再猛向右方扇动，同时右手拇指在票前向左上方推动钞票，食指、中指在票后面用力向右捻动，左手指在钞票原位置向逆时针方向画弧捻动，食指、中指在票后面用力向左上方捻动，右手手指逐步向下移动，至右下角时即可将钞票推成扇面形（见图 4－6）。如有不均匀地方，可双手持钞抖动（钞票左半部向左方抖，右半部向右方抖），使其均匀。

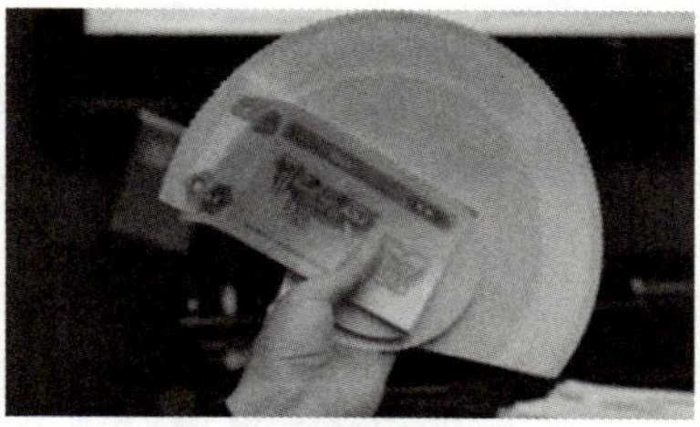

图 4－6　扇面式点钞方法——开扇

提示：

开扇均匀是指每张钞票的间隔距离必须一致，使之在捻钞过程中不易夹张。因此，扇面开得是否均匀，决定着点钞是否准确。

3. 点数

左手将扇面持平，右手中指、无名指、小指托住钞票背面，拇指在钞票右上角 1 厘米处，一次按下 5 张或 10 张，按下后用食指压住，拇指继续向前按第二次，以此类推，同时左手应随右手点数速度向内转动扇面，以迎合右手按动，同时右手和肘部也要随着点数的速度自然向左移动，使双手始终保持适当距离，同时眼睛看清张数，直到点完 100 张为止（见图 4－7）。

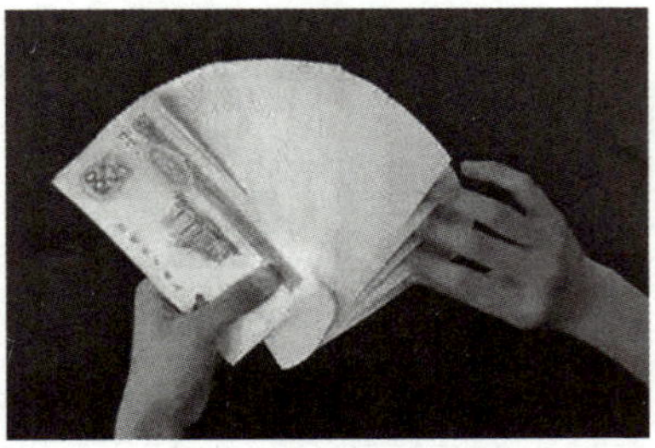

图 4－7　扇面式点钞方法——点数

4. 记数

采用分组记数法。一次按 5 张为一组，记满 20 组为 100 张。一次按 10 张为一组，记满 10 组为 100 张。

5. 合扇

清点完毕合扇时，将左手向右倒，右手托住钞票右侧向左合拢，左右手指向中间一起用力，使钞票竖立在桌面上，两手松拢轻蹾，把钞票蹾齐，准备扎把。

6. 扎把、盖章

扇面式点钞方法的扎把、盖章方法与手持式单指单张点钞方法相同。

三、机器点钞方法

使用机器整点票币，可以减轻收银员的劳动强度，提高工作效率，同时还能检验钞票的真伪。但是，点钞机（见图 4－8）存在一定的局限性，因此机器点钞一般多用于钞票的复点。

图 4－8　点钞机

提示：

柜员经办每一笔现金业务时，需要经过手工点钞与机器点钞的交叉复点，以杜绝工作差错。

（一）准备工作

（1）点钞机放在点款人员的正前方，使用时先开通电源，检查各部件是否完好，运转是否正常，试验捻钞拉力是否合适，观察下钞是否通畅、整齐，计数是否准确。调试一般要求达到不松、不紧、不咬、不塞。

（2）待点的钞票整齐排放在点钞机的右侧，捆钞条和印章按固定位置放好，保证点钞过程的连续性，并要根据清点的票面调整好下钞斗。

（3）根据点钞的不同需要，选择功能键。

（二）操作方法

1. 持钞

右手拇指在钞票下侧，食指在钞票中心，中指、无名指、小指在外面，捏住钞票。

2. 拆把

右手食指将钞票中心向外推，拇指与中指、无名指、小指同时将钞票捏成半弧形，左手将纸条抽去，右手拇指与食指夹在上侧边，松开中指、无名指、小指，这时钞票下侧弹回原处，自然形成斜坡形，放入托钞板，便于下钞流畅，注意将数码显示数字调整为“0”。

3. 清点

将钞票轻轻放入下钞斗内，勿用力过大，以免造成塞钞，应使其自然下滑；目光迅速转向运钞带，如果发现有破损券、夹杂券、假钞或其他异物，需立即剔除；钞票全部下到积钞台后，看清显示数字是否与持把所标金额相符；确认金额无误后将钞票取出蹾齐、扎把；在清查过程中要根据票面大小，随时调整积钞台的大小档位，以适应大小不同的票币，使其整齐；在整点整把钞票时，如果发现数码显示屏显示不是100时需要复点。在复点前必须首先将数码显示屏显示数字还原为“0”后再复点，并注意保管好原把纸条，不能混淆，以便分清责任。

4. 扎把、盖章

机器点钞的扎把、盖章方法与手持式单指单张点钞方法相同。但是，扎把的同时眼睛要紧盯着机器上的钞票。扎好把的钞票应放在点钞机的左侧。

机器点钞操作要点：

（1）在机器点钞过程中，如下钞正常，目光要集中在运钞带上，直至下钞完毕，目光再移到数码显示屏上，看金额是否准确。

（2）在取出刚点完的钞票时，特别要注意取净，防止落下，造成混把。

（3）点完一个单位的钞票后，要检查一次机器底下是否有遗张，特别是在发现少款的情况时，要仔细检查输钞带、捻钞轮底下是否有“吃钞”情况。

点钞机故障的判断与排除：

（1）对于开机以后显示窗无显示的，这种故障多数和电源有关。检查电源插座是否有电。

（2）对于点钞机出现计数不准的，首先考虑是不是灰尘积累造成的，可以打开点钞机的盖板，用软毛刷将灰尘清理一下。如果清理之后还不能正常使用的，可能是易损元件使用寿命到期，可以通过更换易损元件来排除故障，换完以后再调整一下，一般就可以恢复正常了。

（3）对于开机以后有故障提示符号的，可以根据说明书对照相应的提示符号来解决相应的故障。

除了上述提到的故障情况外，机器还可能出现其他故障。但无论出现什么情况，在点钞机发生故障时养成一个习惯，及时检查点钞机里面有没有残留东西，比如是否有纸币的碎角等东西挡住了机器的传感器，机器的可拆卸部分是不是没有接好等。如果没有以上情况，较安全可靠的办法就是请厂家专业的维修人员来维修，以使机器故障尽早得到彻底的解决。

四、钞票的整理与捆扎

（一）钞票的整理

钞票的整理包括两个方面：一是在清点票币前，应先按券别（100 元、50 元、20 元、10 元、5 元、1 元、5 角、1 角）将钞票分类，同时挑剔出残损币，并将断裂券用纸条粘好，然后按完整币和残损币分别进行清点；若发现可疑钞票，还应对其进行真伪鉴别。二是清点完一把钞票后，要进行捆扎前的整理，将钞票拉平并蹾齐，然后用专用纸条捆扎牢固。

（二）钞票的捆扎方法

钞票捆扎是点钞过程中的一个重要环节。

钞票捆扎要求。捆扎钞票要以每百张为一把，经整点无误后用纸条在钞票中间捆扎牢固。对不足 100 张的钞票则用纸条在钞票的 1/3 处进行捆扎，并将钞票的张数、金额写在纸条的正面。

钞票捆扎完毕，应在纸条的侧面加盖点钞人员的名章，以明确责任。每十把钞票必须用专用细绳以“双十”字形捆扎为一捆，在顶端贴上封签，并加盖经手人名章。

钞票捆扎方法。钞票捆扎主要是扎把，扎把的方法最常用的有拧扎法和缠绕折掖法两种：

（1）拧扎法（半紧拧扎法）：将清点准确的 100 张钞票蹾齐后，左手横执钞票，正面朝向点钞员自己，拇指按在钞票前，中指、无名指和小指按在钞票后，食指伸直放在钞票的上侧，五指配合捏住钞票左端约占票面 1/3 处，右手的拇指与食指、中指取捆钱条（捆钱条的长度一般约等于票面宽的 3 倍），以捆钱条 1/3 处搭在钞票的背面，用左手食指按住捆钱条，右手拇指与中指捏住捆钱条较长的一端，从钞票的正面往下向外绕半圈，在钞票背面用食指勾住捆钱条短的一头，将捆钱条两端合拢捏紧，然后左手稍用力握住钞票的正面，将钞票捏成正面凸出瓦状（瓦状的幅度影响扎钞的松紧，在捆扎中幅度不变），左手腕向外转，右手捏住捆钱条向里转，然后在双手还原的同时将右手中的捆钱条拧成花结，同时用右手食指按压花结外侧，顺势将捆钱条花结塞进凹面瓦状里，再把钞票抚平，如图 4-9 所示。

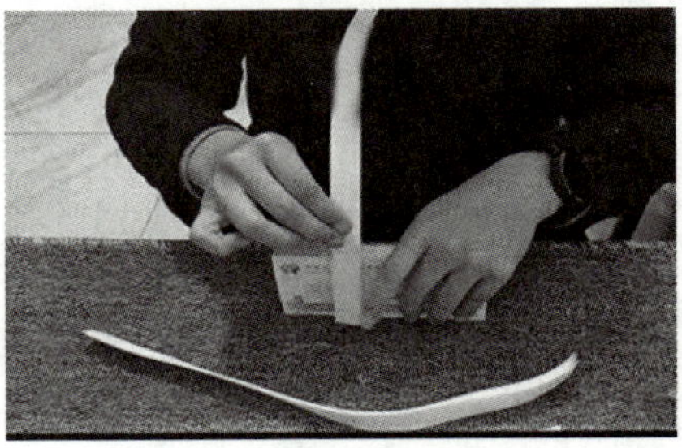

图 4-9　拧扎法

（2）缠绕折掖法（缠绕捆扎法）：将蹾齐的 100 张钞票横执，正面朝向点钞员自己，左手拇指在钞票前，其余四指在钞票后握住钞票左端约 1/3 处，五指配合向身体方向用力，使钞票向内弯曲，弯度不要太大（见图 4-10）。左手食指将 100 张钞票上侧分开一条缝，右手将捆钱条一端插入缝内（或不将钞票开缝，直接将捆钱条一端以左手食指按在钞票背面中间），然后右手拇指、食指和中指捏住捆钱条，由正面往下向外缠绕（一般两圈），绕到钞票上端时，右手腕向右侧翻转，使捆钱条末端向右反折成角，并以食指从右侧将其插入原捆钱条下面，同时用拇指将折角压平，以防松脱（见图 4－11）。

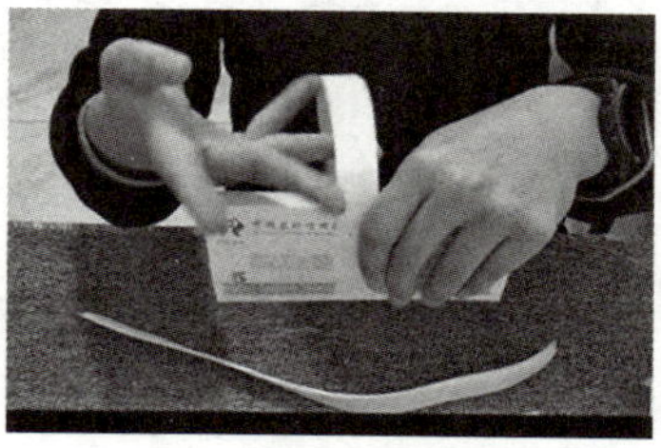

图 4－10　缠绕折掖法（1）

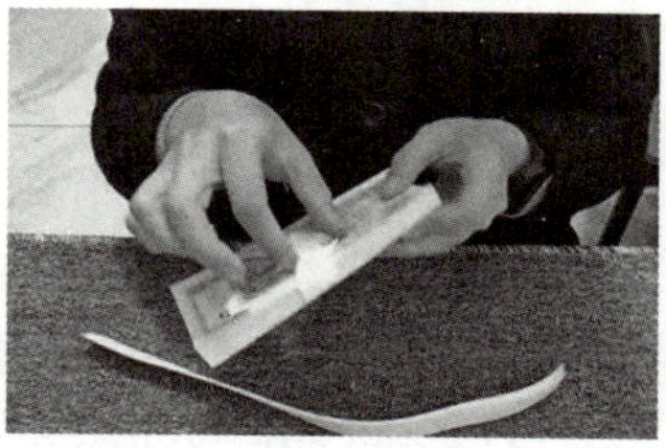

图 4－11　缠绕折掖法（2）

（三）扎把机的相关知识

超市、商场及银行等单位，每天都要处理大量纸币的收付工作。为了提高工作效率，满足办公自动化、便携化需要，扎把机（扎钞机、捆把机）等高效能设备应运而生。

扎把机（见图 4－12）采用微电脑控制技术，将钞票直接放入夹板机器开始工作，全自动快速纸带捆钞，是机电一体化高科技产品，操作简单，捆扎牢固，效率高、成本低，是银行、超市和商场等用来捆钞的理想设备。

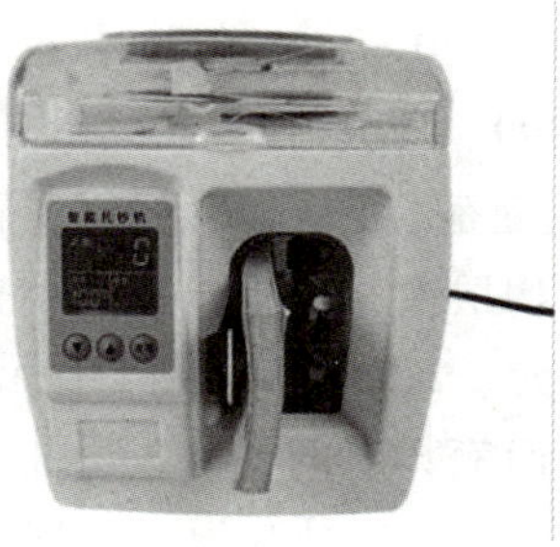

图 4－12　扎把机

扎把机特点：

（1）全自动快速扎把。

（2）微电脑控制，操作简单。

（3）压实扎把牢固。

（4）纸带扎把位置、松紧可调。

（5）可累计扎数。

模块二 验钞技术

小案例

小红毕业时到某大型超市应聘收银员。经过第一轮考试之后，小红接到面试通知，由经理直接考核。总经理对专业问题一句都没问，只是从口袋里拿出4张百元大钞，分别递给4位求职者，让他们每人去买一包烟，并说，他喜欢动作麻利的人，请大家快去快回，第一个回来的就是优胜者。他话音刚落，其他三位应聘者就迅速跑出办公室。

小红拿到钞票后总觉得颜色有些不对。趁其他几位应聘者出门时，她仔细用手摸了摸，没有凹凸感。小红迟疑了一会儿，吞吞吐吐地对经理说："经理，这张钱有点问题，能不能请您换一张？"经理笑了："你已具备了收银员最基本的素质，明天能来上班吗？"这时，一位求职者气喘吁吁地跑进办公室："经理，我发现这张钱是假的！"经理反问："现在才发现，顾客早回家了，那你又到哪里去追？你们应聘收银员，将来都是要和钱打交道的，接过来连钱的真假都不看，就慌张地去买烟，这就是失职。"

一、2019年版第五套人民币的防伪特征

（一）纸币特征

2019年版第五套人民币50元、20元、10元、1元纸币分别保持2005年版第五套人民币50元、20元、10元纸币和1999年版第五套人民币1元纸币规格、主图案、主色调、"中国人民银行"行名、国徽、盲文面额标记、汉语拼音行名、民族文字等要素不变，提高了票面色彩鲜亮度，优化了票面结构层次与效果，提升了整体防伪性能。

2019年版第五套人民币50元、20元、10元、1元纸币调整正面毛泽东头像、装饰团花、横号码、背面主景和正背面面额数字的样式，增加正面左侧装饰纹样，取消正面右侧凹印手感线和背面右下角局部图案，票面年号改为"2019年"。

1. 50元纸币

正面中部面额数字调整为光彩光变面额数字"50"，左下角光变油墨面额数字调整为胶印对印图案，右侧增加动感光变镂空开窗安全线和竖号码。背面取消全息磁性开窗安全线。2019年版第五套人民币50元、20元、10元纸币票面中部印有光彩光变面额数字，改变钞票观察角度，面额数字颜色出现变化，并可见一条亮光带上下滚动。以新版50元为例，随着观察角度的改变，面额数字"50"的颜色会在绿、蓝之间交替变化，如图4－13所示。

图 4－13　2019 年版第五套人民币 50 元纸币

2. 10 元、20 元纸币

正面中部面额数字分别调整为光彩光变面额数字“20”“10”，取消全息磁性开窗安全线，调整左侧胶印对印图案，右侧增加光变镂空开窗安全线和竖号码，20 元纸币如图 4－14 所示。

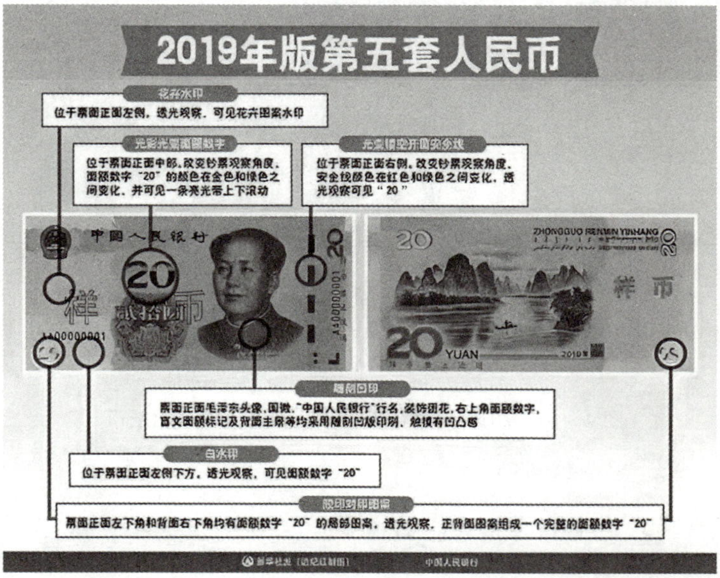

图 4－14　2019 年版第五套人民币 20 元纸币

3. 5 元、1 元纸币

正面左侧增加面额数字白水印，取消左下角装饰纹样，如图 4－15 所示。

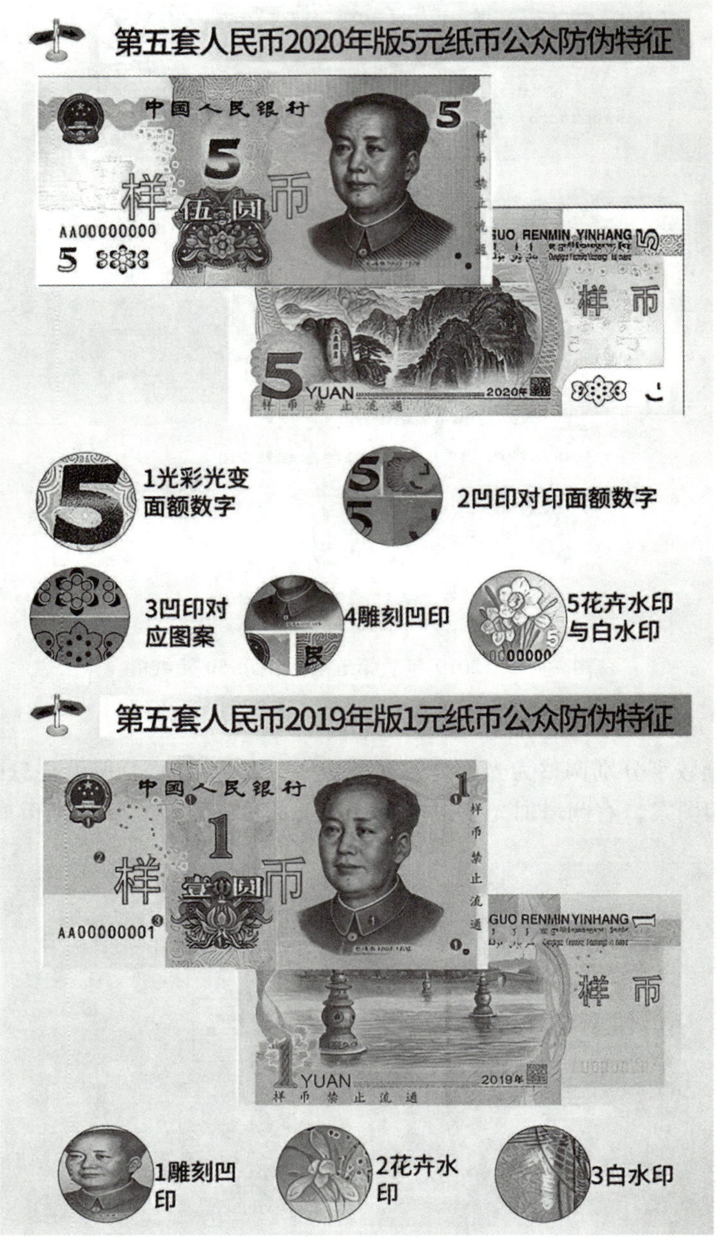

图 4－15　2019 年版第五套人民币 5 元、1 元纸币

（二）硬币特征

2019 年版第五套人民币 1 元、5 角、1 角硬币分别保持 1999 年版第五套人民币 1 元、5 角硬币和 2005 年版第五套人民币 1 角硬币外形、外缘特征、“中国人民银行”行名、汉语拼音面额、人民币单位、花卉图案、汉语拼音行名等要素不变，调整了正面面额数字的造

型，背面花卉图案适当收缩。

1. 1 元硬币

直径由 25 毫米调整为 22. 25 毫米。正面面额数字“1”轮廓线内增加隐形图文“￥”和“1”，边部增加圆点。材质保持不变，如图 4 – 16 所示。

图 4 – 16　2019 年版第五套人民币 1 元硬币

2. 5 角硬币

材质由钢芯镀铜合金改为钢芯镀镍，色泽由金黄色改为镍白色。正背面内周缘由圆形调整为多边形，直径保持不变，如图 4 – 17 所示。

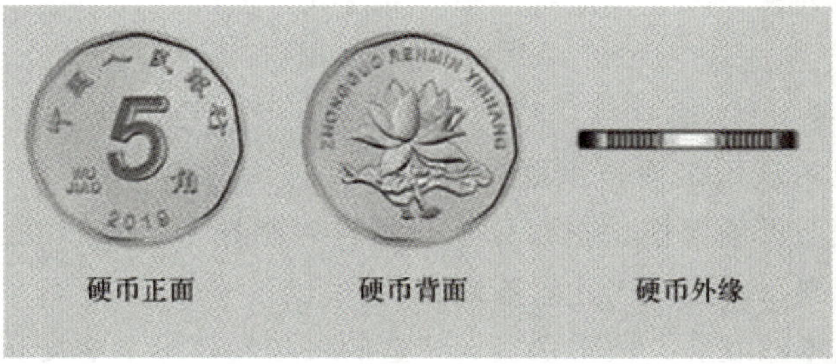

图 4 – 17　2019 年版第五套人民币 5 角硬币

3. 1 角硬币

正面边部增加圆点。直径和材质保持不变，如图 4 – 18 所示。

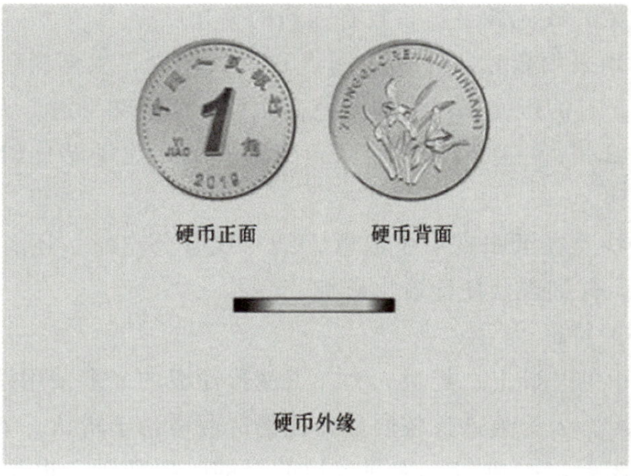

图 4 – 18　2019 年版第五套人民币 1 角硬币

二、假币的种类与特征

（一）假币的种类

假币是指利用各种技术手段，仿照人民币的纸张、图案、水印、安全线等原样，采用印刷、复印、拓印、描绘以及挖补、剪切、拼凑等方式非法加工制作的票币。假币可分为伪造假币和变造假币两种。

> **小知识**
>
> 开窗安全线是指局部埋入纸张中、局部裸露在纸面上的一种安全线。

1. 伪造假币

依照真人民币的纸张、图案、水印、形状、色彩、安全线等原样，运用各种材料、器具、设备、技术手段模仿制作的人民币假钞。主要有机制胶印假币、誊印假币、复印假币、拓印假币、照相假币、描绘假币和复印制版技术合成假币等。

2. 变造假币

变造假币是指在真币的基础上，采用挖补、剪贴、拼凑、制皮、揭面、涂改等手段，对人民币真钞进行加工处理，改变其原有形态，并使其升值的人民币假钞。

（二）假币的特征

从目前我国发现的假币来看，主要是伪造假币，而且以 100 元、50 元的大额券为主。但随着人们对大面额票币的警惕，犯罪分子开始转向制作 10 元、5 元的小面额假币，所以在收付和使用小面额票币时也应当注意鉴别真伪。

随着现代科学技术的发展，假币伪造、变造的手法和技术不断提高。因此只有掌握各种假币的特征，才能做好人民币防伪工作。

1. 伪造假币的一般特征

（1）假币的水印大部分是在纸张夹层中涂布白色浆料，层次较差，图像模糊；有的则是在纸张表面描绘水印图案，冒充水印。

（2）假币纸张在紫外线光源下，多数有强烈的荧光反应。

（3）假币正背面均采用全胶印（四色网点）方式印刷，大多墨色深浅不一，有的版面颜色偏深，有的偏淡，有的版面偏向一种颜色，而且凹印图文平滑，无浮雕感。

（4）制作假币的纸张，一般用普通纸张，与印钞纸相比手感比较平滑、绵软，厚薄也不均匀，票面无凹凸感。

（5）假币的安全线是在纸张夹层中放置，纸与线有分离感。还有的假币则在正反两面各印刷一个条状图案，仔细观察便能看出破绽。

2. 变造假币的一般特征

变造假币是在真币的基础上，经过人为加工变形而成的。多采用挖补、剪贴、拼凑、制皮、揭面、涂改等手段，人为痕迹比较明显，比伪造假币易于辨认。如拼凑币，它是经人为分割破坏后再进行拼凑，以少拼多，达到多换的目的。揭面币，也是经过人为地揭去一面后，用其他纸张进行粘贴，从而达到以少换多的目的。

三、验钞的主要方法

验钞方法分为人工鉴别法和机器检测法，工作中一般将两种方法相结合，进行人民币的真伪鉴别。

（一）人工鉴别人民币真伪的方法

采用直观对比与仪器检测相结合的方法，一看、二摸、三听、四比。

1. 眼看法

眼看法包括裸眼直观和放大镜下观察，就是在现金收付、整点过程中，注意看票面的水印、安全线、颜色、图案等。

2. 手摸法

摸钞票纸张的质地、手感、凹凸感。真币纸质韧，挺括，手感厚实；假币纸质绵软或单薄、发脆，手感薄软。现行的人民币“元”以上各券分别采用了凹版印刷技术，真币票面微涩，版纹深，有明显凹凸感。如 100 元纸币，毛泽东头像、“中国人民银行”行名、面额数字、盲文面额标记及背面主景“泰山”图案等，手摸都有凹凸感；假币手感平滑，花纹图案较模糊，无凹凸感。

3. 耳听法

就是以手指弹拨票币，或用手捏住票面的一端甩动票币，仔细听票币发出的声响，真币声音清脆响亮；假币声音沉闷无清脆响声。用手搓时，真币有清脆的声音，假币基本无声响。

4. 比较法

就是用眼看、手摸、耳听发现了可疑票币后，仍不能准确判断的，比如流通时间较久的、破损比较严重的票币或仿照比较逼真的票币等，就需要用真币与可疑币进行仔细核对识别。必要时可以借助荧光灯、磁性检测仪、红外线检测仪等仪器来判明真假。

（二）机器检测人民币的方法

机器检测法，就是用验钞机或点钞机检测真假人民币的方法。机器检测方法比较简单，可以用专门的多功能验钞机进行检测，也可以用具有鉴伪功能的点钞机进行检测。

目前，验钞机有很多种品牌和型号，其功能大同小异。基本检测方法如下：

接通电源，打开电源开关即可使用。

（1）语音报警检验：按下“报警”按钮，紫光灯亮，把灵敏度调节旋钮调校至校准灯亮的位置，然后把待检验的钞票（水印方向）平展放入规定的位置，如是伪钞，即发出“请注意，这张是假币”的语言信号（当放入钞票时，校准灯熄灭，拿出钞票时，校准灯重亮为正常状态）。

（2）荧光暗记检验：把待检验的一把钞票捻开成扇形，平放在观察室内，在紫光照射下，真币对紫外线有“吸收”现象，因而无明显的光反射；而假币在紫光照射下，呈现明显的青蓝光。

（3）水印检验：按下“水印”键，白光管亮，即可对钞票的水印及安全线进行鉴别。水印和安全线是造币时采用特殊工艺加进去的，用白光透视时，真人民币水印图像细致逼真，立体感强；2005 年版不同面值人民币有一条全息磁性开窗安全线，白光透视，开窗部分可以看到缩微字符。而假币的水印和安全线多是采用印刷方式仿造的，通过白光透视即可发现破绽。

（4）磁性防伪油墨检验：当一些钞票用上述方法检验均有疑点时，便可采用磁性防伪油墨检验方式进行识别。检验时，按下“磁性”键，只要把钞票上附有磁性暗记的部分在磁头上用手指压着左右擦动，通过内部磁迹放大器使磁迹灯闪亮，如为假币，则无磁性信号，即磁迹灯不亮。若摩擦纸币任何部分都使磁迹灯闪亮，也是异常现象。

提示：

使用具有鉴伪功能的点钞机鉴别真假人民币时，只要打开机器，将待检测的票币放入滑钞板，点钞机即可自动清点验钞。

四、假币与残损人民币处理规定

（一）假币的处理

（1）收银员在收银时若发现了可疑票币时，首先应仔细地进行真伪币对比分析。若一时难以确定真伪，可以暂扣，给持票人开具临时收据。

（2）在收据上列举暂扣票币的面值、号码、张数，准备上交的银行单位名称，并盖上公章，签上暂收人姓名，告诉被暂扣票币的人，凭暂扣证据过几天后到超市查询银行鉴定结果。

（3）超市在暂扣可疑票币后应于当日或次日上午上交有关银行进行鉴定。

（4）如果确认是假币应予以没收，并出具假币没收收据，如果不是假币应退还给顾客。

（二）残损人民币的处理

残损人民币是指人民币在流通中因自然磨损、保管不善或其他原因引起的损坏了其票面完整性的票币，如纸币破裂、油浸、熏焦、水湿、污染变色、虫蛀、鼠咬、霉烂、火烧等，金属币出现严重磨损、破缺、变形等。

残损人民币的处理包括残损人民币的兑换和损伤人民币的挑剔两项。

注意：

如在收款中发现假币，应面对客户经两人以上鉴别，确认系假币时，当即告知客户并按规定予以没收。

1. 残损人民币的兑换规定

（1）残损人民币的全额兑换标准：能辨别面额，票面剩余3/4（含3/4）以上，其图案、文字能按原样连接的残缺、污损人民币。

（2）残损人民币的半额兑换标准：能辨别面额，票面剩余1/2（含1/2）至3/4，其图案、文字能按原样连接的残损、污损人民币，按原面额的一半兑换；纸币呈十字形缺少1/4的，按原面额的一半兑换。

（3）凡残损人民币属于下列情况之一的，不予兑换：票面残缺1/2以上者；票面污损、熏焦、水湿、油浸、变色不能辨别真假者；故意挖补、涂改、剪贴、拼凑、揭去一面者。

不予兑换的残缺人民币应由中国人民银行销毁，不能继续流通使用。

2. 损伤人民币的挑剔标准

（1）纸币票面缺少面积在 20 平方毫米以上的。

（2）纸币票面裂口两处以上，长度每处超过 5 毫米的；裂口一处，长度超过 10 毫米的。

（3）纸币票面纸质较绵软，起皱较明显，脱色、变色、变形，不能保持其票面防伪特征之一的。

（4）纸币票面有污渍、涂写字迹面积超过 2 平方厘米的；不超过 2 平方厘米，但遮盖了防伪特征之一的。

（5）硬币有穿孔、裂口、变形、磨损、氧化，文字、面额数字、图案模糊不清等情形之一的。

严格遵守残币收取规则，缺角面积超过 1/5 的一律不收。人民币票面残缺 1/2 以上，不予兑换。

人民币的防伪技术小常识

（1）印刷技术防伪。钞票在印刷技术上主要有凹版印刷、平版印刷、凸版印刷。凹版印刷是指在印版上刻槽，注入油墨，在高温高压下将油墨压印到纸上，这样凹印的墨迹凸出纸面，有很强的立体感。平版印刷也称为胶印，印纹与纸面同为一体。凸版印刷的印纹边缘有压痕和油墨受压堆积的现象，凸版印刷主要用于印刷钞票的序列号。

（2）纸张防伪。纸张是印制钞票的主要材料。一般来说，印钞专用纸张的主要原材料是棉麻纤维和高质量的木浆。在制作过程中不加任何增白剂，因而钞票纸本身没有荧光反应。并且在制作过程中可以在纸张中设置水印（固定部位水印、白水印等）、安全线（金属安全线、微缩文字安全线、开窗式安全线等）和彩色纤维等。

（3）油墨技术防伪。印刷钞票所采用的油墨都是一些特殊的油墨。这些特殊油墨主要有有色荧光油墨、无色荧光油墨、磁性油墨、光变油墨和隐形面额数字用墨等。其中有色荧光油墨在普通光线下看是油墨的本来颜色，但在紫外光照射下会发出特殊的荧光。无色荧光油墨印刷图案在普通光线下是看不见的，但在紫外光下会发出特殊的荧光。磁性油墨是指油墨中带有磁性物质，可用机器检测出来。隐形面额数字是指将钞票放在与眼睛平行的位置，在一定的旋转角度可以看见钞票面额数字。

（4）图案防伪。图案防伪主要采用线描图案、防复印图案和对印等工艺。其中线描图案是指钞票的图案是由交叉或平行的线和点构成，即使是颜色最深的部分也是由大量浓密的线条构成，亮的部分则是由虚线和小点组成，钞票上的彩色都是专色，没有电子分色合成。防复印图案是指钞票上特别的图案色彩模式，当复印机复印该钞票时防复印图案会发生变形或变黑。对印一般采用正背面同时印刷，迎光透视钞票正背面，同一部位的局部图案会互补组成一个完整的图案，不会发生错位的现象。

注意：

收银员要对货币的真、假、残有深刻的认识，要做到“慧眼识币”，绝不收假币、残币。

模块三　会计数字书写规范

收银员每天都要与数字打交道，营业结束后要填制相关的凭证和报表，所以要掌握会计数字的书写规则和要求。

会计数字有两种：一种是阿拉伯数字，另一种是中文大写数字。通常用阿拉伯数字表示的金额数字简称“小写金额”，用中文大写数字表示的金额数字简称“大写金额”。

一、阿拉伯金额数字的书写规则和要求

阿拉伯数字由 0、1、2、3、4、5、6、7、8、9 共 10 个数字组成，这是国际上通用的数字。

（一）阿拉伯数字的基本书写规则和要求

（1）阿拉伯数字应逐个写，每个数字都要大小匀称，笔画流畅；每个数字独立有形，使人一目了然，不能连笔书写。特别是在要连着写几个“0”时，一定要单个地写，不能将几个“0”连在一起一笔写完。

（2）书写排列有序且字体要自右上方向左下方倾斜地写，数字与底线通常呈 55～60 度的倾斜。

（3）书写的每个数字都要紧靠底线，但上不可顶格。一般每个格内数字占 1/2 或 2/3 的位置，要为更正数字留有余地。

（4）会计数字书写时，应从左至右，笔画顺序是自上而下，先左后右，防止写倒笔字。

（5）同行的相邻数字之间要空出半个阿拉伯数字的位置，但也不可间隔太远（以不能增加数字为准）。

（6）除“4”“5”以外的数字，必须一笔写成，不能人为地增加数字的笔画。

（7）为了防止涂改，对有竖划数字的写法应有明显区别，如“6”的竖划应偏左，“4”“7”“9”的竖划应偏右，“1”应写在中间。此外，“6”的竖划应向右上方上提为一般数字的 1/4；“7”“9”的竖划要向左下方（过底线）下拉出格至一般数字的 1/4。

（8）对于易混淆且笔顺相近的数字，在书写时，尽可能地按标准字体书写，区分笔顺、避免混同、以防涂改。

①书写“1”时不可写得过短，要保持倾斜度，将格子占满，这样可防止被改写为“4”“6”“7”“9”。

②书写“4”时顶部不封口，写“∠”时应上抵中线，下至下半格的1/4处，并注意中竖是最关键的一笔，斜度应为60度，否则“4”就会写成正体。

③书写“6”时要顶满格子，下圆要明显，以防止被改写为“8”。

④“7”“9”两字的落笔可延伸到底线下面。

⑤书写“8”时上边要稍小，下边应稍大，注意起笔应呈斜“S”形，终笔与起笔交接处应呈棱角，以防止将“3”改为“8”。

⑥书写“0”时，字高、字宽要与其他数字相同（以防将“0”改为“6”“8”“9”）。

⑦书写“6”“8”“9”“0”的圆圈必须封口。

（9）整数（即四位和四位以上的整数部分）要分节书写，特别是对于数位较大的数字应采用国际通用的“三位分节制”，即从个位起，向左每三位数作为一节，节与节之间用分节号“,”分开，如“28,450,263”；三位数与三位数之间也可以不打分节号，但要留出1/4字空，如“28 450 263”。小数点应向右下点，不能点成“。”，如“76,245.15”或“76 245.15”。

我国会计实际工作中通常采用“,”分节的办法，但出版物中通常采用千字空。

阿拉伯数字的规范写法（手写体）如图4－19所示。

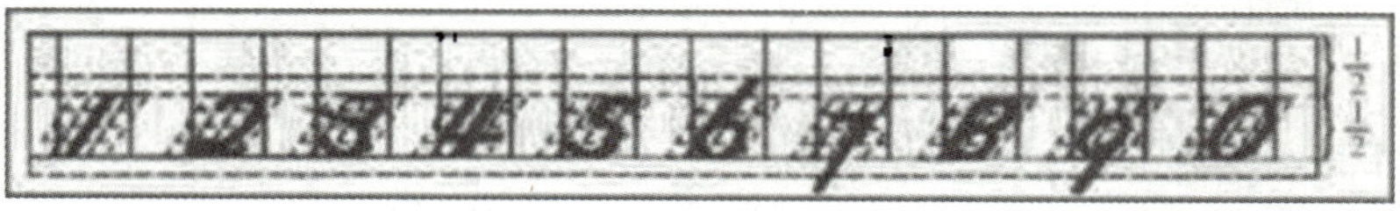

图4－19 阿拉伯数字的规范写法

（二）小写金额的书写规则和要求

1. 没有位数分割线的凭证、账、表上的数字的标准写法

（1）阿拉伯金额数字前面应当书写货币币种符号（如人民币符号“¥”）或者货币名称简写，币种符号和阿拉伯数字之间不得留有空白。凡阿拉伯金额数字前写出币种符号的，数字后面不再写货币单位（如人民币“元”）。

例如，人民币捌仟陆佰伍拾叁元肆角柒分，应写为“¥8 653.47”。

提示：

（1）书写人民币符号“¥”（尤其是草写“¥”）时，要注意“¥”应与阿拉伯数字有明显的区别，特别应注意与阿拉伯数字7或9的区别。

（2）人民币符号“¥”主要应用于填制凭证（发票、支票等），在登记账簿、编制报表时，一般不需要使用“¥”符号。

（2）以元为单位（其他货币种类为货币基本单位，下同）的阿拉伯数字，除表示单价等情况外，一律在元位小数点后填写到角分；没有角分的角位和分位可写成“00”或者“－”；有角无分的，分位应当写成“0”，不得用“－”代替。

例如，人民币叁拾贰元整，应写成“¥32.00”，也可写成“¥32.－”。人民币壹佰玖拾捌元叁角整，应写成“¥198.30”，而不能写成“¥198.3－”。

（3）只有分位金额的，在元位和角位上各写一个“0”字并在元与角之间点一个小数点，如“¥0.08”。

（4）“元”以上每三位要空出1/4个字符的位置（千分空）书写，如“¥9 657 308.92”。

2. 有数位分割线的凭证、账、表上的数字标准写法

（1）从最高位起，后面各分位格数字要对应固定的位数填写完整，不得错位。

（2）只有分位金额的，在元和角位上均不得写“0”字。

（3）只有角位或角分位金额的，在元位上不写“0”字。

（4）分位是“0”的，在分位上写“0”，角分位都是“0”的，在角分位上各写一个“0”字。

例如，人民币玖分、人民币捌角肆分、人民币壹佰贰拾伍元整的写法，如表4－1所示。

表4－1 示例写法

万	千	百	十	元	角	分
						9
					8	4
		1	2	5	0	0

注意：

阿拉伯数字的书写，看似简单，实则不易。在书写阿拉伯数字时，应对照规范写法，仔细观察各数字的高度、斜度和运笔顺序。书写过程中速度慢些。

（三）数字错误的更正方法

在数字书写过程中，往往会因笔误等原因造成登记数字错误。

更正的方法为：先将错误的数字全部划红线，然后在划线上方用黑笔填写正确的数字；更正后经办人应在更正处盖章以明确责任。

划线更正时应注意以下两个问题：

（1）划线时，应将全部数字划销，不得只划错误数字部分。

（2）划线时，必须注意使原来的错误数字仍可辨认。

二、中文大写金额数字的书写规则与要求

（一）中文大写金额数字的基本书写规则与要求

（1）中文大写金额数字要以正楷或行书字体书写，不得连笔写。

（2）不允许使用未经国务院公布的简化字或谐音字。金额大写数字一律用“壹、贰、叁、肆、伍、陆、柒、捌、玖、拾、佰、仟、万、亿、圆（元）、角、分、零、整（正）”等易于辨认、不易涂改的字样。不得任意自造简化字，也不要滥用繁体字，不得使用中文小写一、二、三、四、五、六、七、八、九、十等字样代替，不能用“毛”代替“角”、“另”或“0”代替“零”、“仨”代替“叁”、“两”代替“贰”；“廿”代替“贰拾”、“园”代替“圆（元）”等。

（3）字体要各自成形，大小匀称，排列整齐，字迹要工整、清晰。

（二）大写金额数字的书写规则和要求

（1）大写金额数字前未印有货币名称的，应当加填货币名称（如“人民币”三字），

货币名称与金额数字之间不得留有空白。即大写金额要紧靠“人民币”三个字书写，不得留有空白。如“¥186 497.00”，应当写成“人民币壹拾捌万陆仟肆佰玖拾柒元整”，不能分开写成“人民币　　壹拾捌万陆仟肆佰玖拾柒元整”。

(2) 大写金额常将数字写到“元”或“角”，在“元”或“角”后写“整”或“正”字样；大写金额有“分”的，“分”后面不写“整”或“正”字样。如：“¥12 000.00”，应写为“人民币壹万贰仟元整”；再如：“¥48 651.80”，可写为“人民币肆万捌仟陆佰伍拾壹元捌角整”；而“¥486.56”，应写为“人民币肆佰捌拾陆元伍角陆分”。

(3) 对于阿拉伯金额数字尾部的“0”，无论是一个还是连续几个，大写金额书写到非零数位后，用一个整（正）字结束，不需用“零”表示。如：“¥4.60”，应写为“人民币肆元陆角整”；又如“¥1 200.00”，应写成“人民币壹仟贰佰元整”。

(4) 阿拉伯金额数字之间有一个“0”的，汉字大写金额要写“零”字。如“¥1 209.50”，应写为“人民币壹仟贰佰零玖元伍角整”。阿拉伯金额数字中间连续有几个“0”时，汉字大写金额中可以只写一个“零”字，如“¥3 002.36”，汉字大写金额应写成“人民币叁仟零贰元叁角陆分”。

(5) 阿拉伯金额数字元位是“0”的，或者数字中间连续有几个“0”，元位也是“0”，但角位不是“0”时，汉字大写金额可以只写一个零字，也可以不写“零”字。如“¥1 380.82”，汉字大写金额应写为“人民币壹仟叁佰捌拾元零捌角贰分”，或者写为“人民币壹仟叁佰捌拾元捌角贰分”，又如“¥96 000.55”，汉字大写金额应写为“人民币玖万陆仟元伍角伍分”。若万位是“0”，角位非“0”时，此“0”可读也可不读。如“¥102 460.38”，汉字大写金额应写为“人民币壹拾万贰仟肆佰陆拾元叁角捌分”或写成“人民币壹拾万贰仟肆佰陆拾元零叁角捌分”。

(6) 阿拉伯金额数字角位是“0”，而分位不是“0”时，汉字大写金额“元”后面应写“零”字。如“¥5 409.02”，汉字大写金额应写成“人民币伍仟肆佰零玖元零贰分”，又如“¥725.04”，汉字大写金额应写成“人民币柒佰贰拾伍元零肆分”。

(7) 阿拉伯金额数字最高位是“1”的，汉字大写金额前应加写“壹”字，不得遗漏。如“¥15.80”，汉字大写金额应写成“人民币壹拾伍元捌角整”，不能写成“人民币拾伍元捌角整”，又如“¥135 600.00”，汉字大写金额应写成“人民币壹拾叁万伍仟陆佰元整”。

(8) 在印有大写金额万、仟、佰、拾、元、角、分位置的凭证上书写大写金额时，金额前面如有空位，可划“⊗”注销，阿拉伯数字中间有几个“0”（含分位），汉字大写金额就可以写几个“零”。如“¥100.80”，汉字大写金额应写成“人民币⊗万⊗仟壹佰零拾零元捌角零分”。

(9) 大写金额数字的错误更正：中文大写金额数字通常是在填写发票、支票等重要凭证时使用，一旦书写有误，一般应另行填写新的凭证，写错的凭证随即注销作废，但不要随便丢弃，应当妥善保管。如因其他原因不能更换写错的凭证时，应采取划线更正法更正写错的中文大写数字，具体要求与阿拉伯数字划线更正法相同。

提示：

中文大写数字在书写时，应注意每个字的框架结构。特别注意“零”“壹”“整”三字在大写数字中的用法。

实战演练

一、不定项选择题

1. 点钞的工作程序有（　　）。
   A. 拆把　B. 点数　C. 扎把　D. 盖章
2. 点钞的基本要求是（　　）。
   A. 点数准确　B. 清理整齐　C. 扎把牢固　D. 盖章清晰
3. 点钞技术中的关键字是（　　）。
   A. 正　B. 准　C. 快　D. 好
4. 下列哪一种点钞法是最基本、最常用的方法（　　）。
   A. 手持式单指单张点钞法　B. 手持式多指多张点钞法
   C. 手按式单指单张点钞法　D. 扇面式点钞法
5. 手持式单指单张点钞法用（　　）将捻起的钞票往怀里弹。
   A. 左手尾指　B. 左手无名指　C. 右手尾指　D. 右手无名指
6. 手持式单指单张点钞法记数方法有（　　）。
   A. 1. 2. 3. 4. 5. 6. 7. 8. 9. 1
   B. 1. 2. 3. 4. 5. 6. 7. 8. 9
   C. 0. 2. 3. 4. 5. 6. 7. 8. 9. 10
   D. 0. 2. 3. 4. 5. 6. 7. 8. 9
7. 手持式单指单张点钞法与手持式多指多张点钞法的相同点有（　　）。
   A. 持票　B. 清点　C. 记数　D. 扎把与盖章
8. 手持式单指单张点钞法按钞时用两手（　　）。
   A. 小指　B. 无名指　C. 中指　D. 食指
9. 手按式单指单张点钞法中，清点时用（　　）托起部分钞票的右下角。
   A. 左手拇指　B. 右手拇指　C. 左手食指　D. 右手食指
10. 机器点钞法的步骤为（　　）。
    A. 持钞　B. 拆把　C. 清点　D. 扎把盖章
11. 机器点钞法在清点时，应将数码管显示数字还原为（　　）后再复点。
    A. “1”　B. “0”　C. “2”　D. “100”
12. 钞票的整理包括（　　）。

A. 清点票币前　　B. 清点完一把钞票后
C. 清点票币过程中　　D. 全部钞票清点完后

13. 人工鉴别人民币的方法有（　　）。
A. 一看　　B. 二摸　　C. 三看　　D. 四比

14. 一看是指看（　　）。
A. 白水印　　B. 全息磁性开窗安全线
C. 隐形面额数字　　D. 对接图案等

15. 可以全额兑换的残损人民币有（　　）。
A. 票面残缺 1/2 以上者
B. 纸币呈十字形缺少 1/4 的
C. 票面剩余 1/2（含 1/2）至 3/4 以下
D. 票面剩余 3/4（含 3/4）以上

16. 阿拉伯数字的每个数字占每格内的（　　）。
A. 3/4　　B. 2/3　　C. 1/3　　D. 1/2

17. 金额为 1 分的，用阿拉伯数字书写应为（　　）。
A. 1 分　　B. ¥0.01 分　　C. ¥0.01　　D. 0.01 分

二、判断题

1. 把点准的 100 张（或不足 100 张）的钞票蹾齐，并用捆钞条扎紧即可。（　　）
2. 点钞的基本要求中清理整齐就是把钞票蹾齐。（　　）
3. 点好钞票应捆扎牢固，以不散、抽不出票为准。（　　）
4. 持票是用右手横执钞票。（　　）
5. 在清点钞票过程中，如发现残破票直接用右手抽出。（　　）
6. 钞票扎把后，都要加盖自己的名章，以示负责。（　　）
7. 手持式多指多张点钞法清点时是从食指开始，四个指尖依次顺序各往右拨捻下一张，四指共捻四张。（　　）
8. 手按式单指单张点钞法的记数、扎把、盖章方法与手持式单指单张点钞法相同。（　　）
9. 扇面式点钞法开扇时，只要将钞票推成扇面形即可。（　　）
10. 机器点钞一般用于钞票的初点。（　　）
11. 捆扎钞票就是用纸条在钞票中间捆扎牢固。（　　）
12. 伪造币是拼接的假币。（　　）
13. 真币纸质韧、挺括、手感厚实。（　　）
14. 阿拉伯数字要连写几个“0”时，可以将几个“0”连在一起一笔写完。（　　）
15. 为防止涂改，“4”“7”“9”的竖划应偏左。（　　）
16. “1”应写在中间，不可写得过短，要保持倾斜度，将格子占满。（　　）
17. 写“6”“8”“9”“0”的圆圈不必封口。（　　）
18. 数字写错时，只将写错的数字进行更改。（　　）
19. 阿拉伯金额数字与前面的币种符号不得留有空白。（　　）

20. ￥2 342.00 应写成人民币贰仟叁佰肆拾贰毛。（　　）

三、简答题

1. 手工点钞有哪些程序与基本要求？
2. 手持式点钞法中最基本的点钞方法是什么？它包括哪几个环节？
3. 机器点钞法的操作方法有哪些？
4. 钞票的整理包括哪几个方面？
5. 请指出 2019 年版第五套人民币不同面值的防伪特征有哪些。
6. 什么是假币？假币主要有哪几种？各有什么特点？
7. 人工鉴别假币的常用方法是什么？
8. 残损人民币的挑剔标准有哪些？
9. 会计数字有几种？分别是什么？
10. 大写金额中有关“零”的写法有哪些规定？
11. 金额数字写错时应如何进行订正？

四、实训题

（一）点钞

1. 点钞——单指单张，实践练习点数结合

【实训目的】使学生初步掌握手工点钞技能中单指单张法的点钞、数数两个环节，并能正确操作。

【实训用具】秒表、练功券、捆钞条、海绵壶。

【实训步骤】

（1）点钞姿势——规范放松。

（2）用具摆放——整齐合理。

（3）手指名称——拇指、食指、中指、无名指、小拇指。

（4）点钞规则——持、压、支、夹（左手），点、捻、托、撑（右手）。

（5）数数——数单数。

1234567890（一）

1234567890（二）

2. 点钞——单指单张，实践练习拆捆

【实训目的】使学生掌握拆捆的两个环节。

【实训用具】秒表、练功券、捆钞条、海绵壶。

【实训步骤】

（1）捆钞。要领：蹾齐捆条。

（2）拆把。要领：食指折断。

（3）练习：集体计时。

3. 点钞法练习

每周坚持 12 次计时练习手持式单指单张点钞法、手持式多指多张点钞法、手按式点钞法和扇面式点钞法。

（二）验钞

请分别拿出一张 100 元、50 元、20 元、10 元、5 元、1 元的纸币，根据防伪特征反复对比、熟练掌握，考核表如表 4－2 所示。

表 4－2 人民币鉴别训练考核表

实训评价等级	实训评价标准
优	3 分钟内能迅速说出人民币 11 个识别点的名称及在钞票中的位置
良	5 分钟内能迅速说出人民币 11 个识别点的名称及在钞票中的位置
合格	10 分钟内能迅速说出人民币 11 个识别点的名称及在钞票中的位置

（三）会计数字

1. 每天练习阿拉伯数字书写 4 遍（见图 4－19）
2. 每天练习中文大写金额数字的书写 5 遍

零、壹、贰、叁、肆、伍、陆、柒、捌、玖、
拾、佰、仟、万、亿、元、角、分、整

3. 正确读出下列各数，并用大写数字表示出来

（1）25.12
（2）37.09
（3）522.17
（4）8 605.40
（5）603 002
（6）200 006.34
（7）34 506 000
（8）14 567 008

4. 根据下列小写金额写出大写金额数字

（1）￥10.50
（2）￥125.36
（3）￥1 206.00
（4）￥45 678.09
（5）￥603 675.43
（6）￥170 000.00
（7）￥9 865 400.30
（8）￥12 345 678.91

5. 根据下列大写金额写出小写金额数字

（1）人民币壹角肆分。
（2）人民币壹拾贰元叁角捌分。
（3）人民币壹佰壹拾壹元零壹分。
（4）人民币贰仟零肆元整。

（5）人民币壹拾万叁仟元伍角整。

（6）人民币叁仟柒佰零玖万陆仟伍佰壹拾捌元零陆分。

（7）人民币肆拾万元整。

（8）人民币伍拾万零陆元柒角玖分。

6. 根据表 4－3 所给的正确结果订正相应的错误数字。

表 4－3　　订正错误数字

正确结果	错误数字并更正	正确结果	错误数字并更正
5 026. 43	5 026. 34	1 000. 41	1 000. 14
7 652. 95	7 625. 93	168 469	168 466
815 361	815 163	3 265. 43	2 365. 43
8 006 470	800 647	4 508. 31	4 506. 41

项目五
收银员礼仪规范

【知识目标】

1. 掌握收银员的容貌礼仪、服饰礼仪两方面的内容。
2. 了解收银员规范使用语言的规则。

【能力目标】

1. 掌握收银员语言礼仪中的问候礼仪、交谈礼仪、服务用语。
2. 掌握收银员服务规范的基本内容。
3. 掌握收银员的站姿礼仪、坐姿礼仪、行走礼仪和手势礼仪的基本内容。

【素质目标】

1. 提升职业素养，保持职业能力，提升服务意识。
2. 严守收银职业道德规范，增强责任心。

【思维导图】

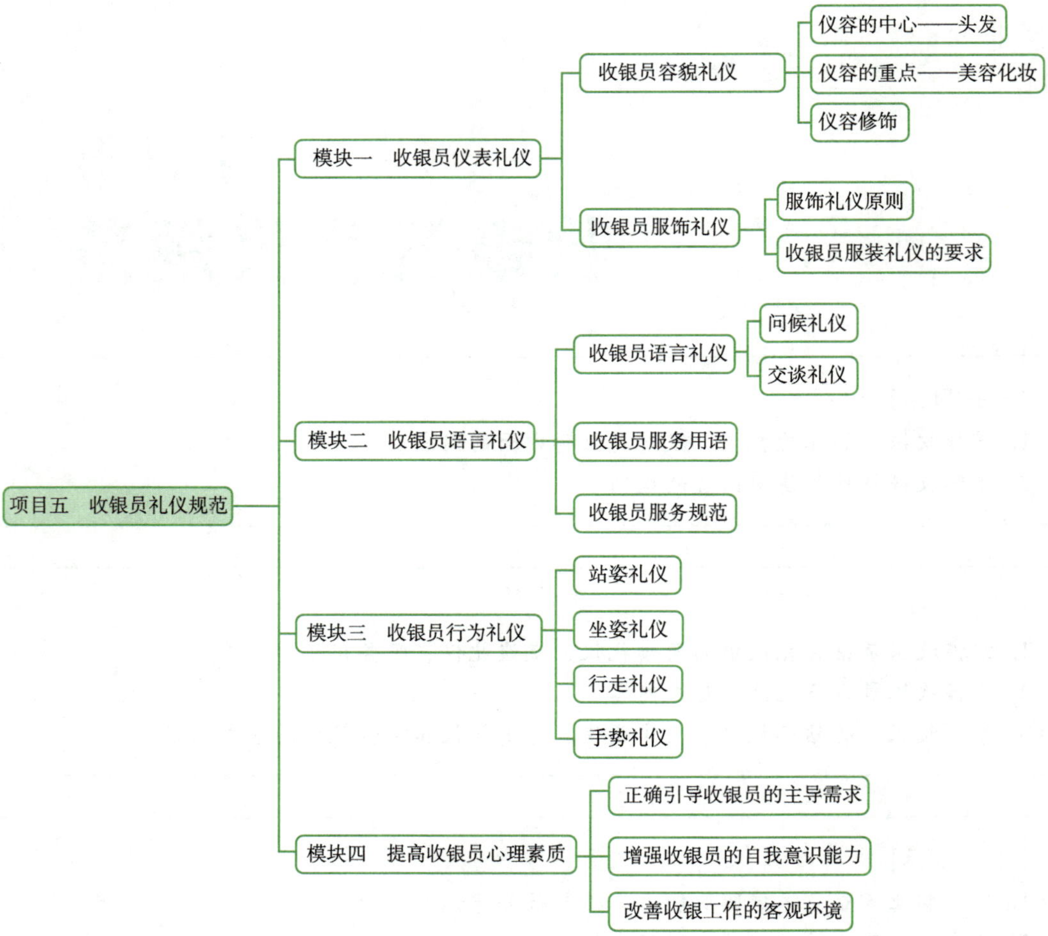

模块一　收银员仪表礼仪

收银服务的直接对象是顾客。因此，收银员可以说是企业的亲善大使，其一举一动都代表企业的对外形象。如果每一位收银员在为顾客提供服务时，都能面带微笑地招呼和协助顾客，将会使顾客在购物之余，还能感受到愉快及亲切的气氛。

仪表是指人的外表，包括容貌、举止、姿态、风度等。仪表美是一个人心灵美与外在美的和谐统一。

仪表礼仪集中反映了一个人的个性气质、道德修养、审美修养与文化品位。礼仪修养的高低决定着个人综合素质的优劣。礼仪修养的高低又是个人修养程度、文明程度的标志，与人的职业修养、道德修养密切相关。

因此，每一位收银员在收银工作中的仪容仪表在服务中具有举足轻重的作用。仪表礼仪包含的内容很多，在此仅介绍收银员的容貌礼仪和服饰礼仪。

一、收银员容貌礼仪

具有清新、端正的容貌和恰当自然的修饰是对现代收银员仪容的基本要求。端正的仪容可以给予人们信任感，而恰当自然的修饰又可以给人愉悦感。

（一）仪容的中心——头发

头发为人体之冠。一个人的发型可以反映出一个人的文化修养、审美水平、精神状态，是一个人气质的集中体现。要成为一名优秀的收银员，需要从“头”做起。收银员在工作期间，应做到以下规范：

（1）保持头发清洁整齐，经常洗头、剪发。即头发要整洁，长度适中，发型适合自己，并且头发要常洗、常理。

（2）剪发不可遮及眉毛，造型不得过于夸张、怪异，不得将头发染成黑色以外颜色。工作场合对头发的长度是有要求的，男士不能剃光头，同时也不能太长，更不能留刘海儿。专业标准是：“前发不覆额，侧发不掩耳，后发不及领”。女士一般在上班或重要场合，长头发不能随便让它披散过肩，最好束起来，用卡子或者发箍将其扎好。其次，头饰造型不得过于夸张，颜色不得太鲜艳。

（3）工作场合发型的适应性。收银员的发型应该适合自己的工作性质，一般要求庄重保守，不能过分时尚，不能因个性的需要而自作主张。

当然，收银员除了注意这些外，还应注重外在的修饰。合理、适当的修饰，更能体现出健康向上、积极进取的精神风貌。

1. 女性收银员的修饰

（1）发型以短、散、松、柔为宜，显示出自然端庄之美；（2）短发式，显得轻巧、活泼、充满活力；（3）留披肩长发的，在上班时应当用深色的丝带把头发扎起来。有些年轻的女收银员喜欢用刘海遮一下前额，这不失为一种青春的美，但不可过密过长，盖住眉毛，那样显得很压抑、掩沓，给人以沉闷的感觉。

2. 男性收银员的修饰

（1）除要勤理发、勤洗手、勤剪指甲外，不留长发和怪异发型，发角不可过长。（2）没有特殊的宗教信仰和民族习惯的，不要留胡子，养成每日剃须的习惯，不能胡子拉碴，给人以蓬头垢面之感。特别要强调的是，男士要适时地对鼻毛和耳毛进行修剪。（3）要注意口腔无异味、无异物，上班前不喝酒，不吃生葱、生蒜等有强烈刺激气味的食物。

（二）仪容的重点——美容化妆

适度得体的妆容可以展现个人风采，化妆在礼仪中起着重要作用。化妆一方面能装扮自己和展示自己的精神风貌，另一方面也表示对他人尊重。所以，作为一名优秀的收银员，应当学会和掌握美容与化妆的艺术。

化妆礼仪的基本要点：

1. 化妆要自然

“清水出芙蓉，天然去雕饰。”化妆的基本要求是自然。收银员对化妆的要求是四个字：“淡妆上岗”。所谓“淡妆”，是指化妆之后表现得清新自然，没有痕迹，让别人觉得你天生如此，这是化妆的最高水准。切忌浓妆艳抹。

2. 化妆要协调

这个协调实际上是有三个协调：一是协调所用的化妆品系列；二是化妆的各个部位要协调；三是妆容与服饰要协调。

3. 化妆要避人

化妆是一种个人隐私行为，不能当众进行。

（三）仪容修饰

收银员除了注重头发和化妆外，还要注意整体形象的修饰。

1. 指甲

收银员的指甲应当常剪常修，一般不宜涂指甲油。其中，女性收银员的修饰尤为重要，女性的指甲需短而干净，不得留长指甲。使用指甲油时，只可涂无色或肉色，且每只指甲均应涂上相同的颜色。

2. 首饰

上班营业时，不可佩戴手镯和其他饰物，也不宜戴惹眼的胸饰、领花和戒指等。

3. 其他

（1）工作时间不得戴有色眼镜。（2）除了手表以外，可佩戴无镶嵌物的戒指一枚，不得佩戴大圈或带坠耳环，不得戴项链或脚链，以免妨碍工作。

二、收银员服饰礼仪

服饰在一定程度上反映着一个人的社会地位、身份、职业、收入、爱好、个性、文化素养和审美品位，是一种特殊的“身份证”。收银员的服饰体现着企业的组织形象和集体精神。因此，在收银工作场合，收银员必须穿着工作服。

（一）服饰礼仪原则

收银员的服饰原则简单地说是“应时、应景、应事、应己、应制”，这是服饰礼仪的“五应原则”。

1. 应时

服饰的“应时”含有以下三重意思：

（1）与时代进步的主流风格保持一致，不可背离时代而“复古”，也不宜追赶时髦而“前卫”。

（2）服饰应当随着一年四季的变化而更替变换，不宜打破常规，标新立异。

2. 应景

服饰要充分考虑所面临的工作环境，保持和谐一致。

3. 应事

服饰应当合乎本企业、本部门的规范，正规、干净、整洁、文明，应当力求庄重、高雅。总之，不管在什么场合，服装款式都应大方雅致，忌暴露、透明和短小。

4. 应己

服饰要合乎自己的自身条件和特点，勿忘自己的体形。

5. 应制

身为工作人员，工作期间的服饰要做到制度化、系列化、标准化。制度化，就是符合有关部门制定的着装规定；系列化，就是要使衣、裤、裙、帽、鞋、袜等在一个“主题”；标准化，就是要按照各种服装的穿着标准着装，不可随意创造，自成一派。例如，穿制服时，不允许敞怀；穿工作服时，要系上全部衣扣，不允许挽起衣袖。

（二）收银员服装礼仪的要求

穿工作服不仅是对服务对象的尊重，同时也使着装者有一种职业的自豪感、责任感，是敬业、乐业在服饰上的具体表现。

由于收银员职业的特殊性，对其服饰也要有特殊要求。总体上说，收银员的服饰应当样式美观、朴素、大方，色调和谐雅致，体现出与个人体形、工作特点、环境条件和民族习俗相协调的整体效果。

因此，收银员在工作场合应穿工作服，规范穿着工作服的要求是以整齐、清洁、挺括、大方，并富有朝气为原则。整齐，是指服装必须合身，袖长至手腕，裤长至脚面，裙长过膝盖，尤其是内衣不能外露；衬衫的领围以能插入1指为宜，裤裙的腰围以能插入1～2指为宜。不挽袖，不卷裤，不漏扣，不掉扣；领带、领结、飘带与衬衫领口的吻合要紧凑且不系歪；如有工号牌或标志牌，要佩戴在左胸正上方，有的岗位还要戴好帽子与手套。清洁，是指衣裤无污垢、无油渍、无异味，领口与袖口处尤其要保持干净。挺括，是指衣裤不起皱，穿前要烫平，穿后要挂好，做到上衣平整、裤线笔挺。大方，是指款式简洁、高雅，线条自然流畅，便于岗位接待服务。

具体要求如下：

1. 工作服

（1）工作服是套装的，就必须上下身配套穿，而不能只穿一件。如果只有上衣是工作服，下身可以着便服，但也应搭配得当；裤子或裙子应在样式、色调上与工作服相协调。

（2）衬衣要穿规定的颜色和样式，并应保持整洁，特别要注意领子和袖口的洁净。并且衬衣必须束扎在裤内或裙内，绝不能让内衣或其他衣服显露在制服外面。

（3）女性收银员的裙子要穿黑色、灰色、藏青色、茶色、绿色无花纹的或者接近这些颜色的裙子。

（4）男性收银员不应穿极端花哨的，带花纹的服装。

（5）工作服颜色较淡（浅）的，禁止穿红、紫、橘红等颜色的衬衣。

2. 领带

领带一定要用领带别针。

3. 鞋

收银员每天应当把皮鞋擦拭干净、光亮，破损的鞋子应及时修理，如穿布鞋，同样需保持鞋子的整洁，不要把鞋子当拖鞋穿。不能穿露脚趾的凉鞋和拖鞋，袜口不要露在裤子外。尽量不要穿高跟鞋。

4. 袜子

（1）男收银员应穿与鞋子颜色和谐的袜子，以黑色最为普遍。（2）女收银员的丝袜，以肉色、黑色为宜。

5. 工牌徽章

（1）上岗时须按规定佩戴好徽章或工作牌，它们是岗位和职责的标志，不得随意更改和增添其他饰物，不得借予他人使用。（2）工牌徽章填写的内容需规范齐全，外壳和内芯无破损、污渍。（3）工牌徽章一律佩戴于制服外衣的左胸，不得佩戴无照片或经涂改的胸卡。（4）工牌徽章丢失，应该及时向相关部门提出申请补发，或者请求发给代用工牌。

总之，收银员讲究服饰美是对本职工作严肃认真、充满热情的反映，也是对消费者表示尊重的体现，每个收银员都应当通过服饰美不断提高自己的审美情趣和对工作、对集体的责任感。

模块二　收银员语言礼仪

小知识

微　笑

对服务行业来说，微笑是至关重要的。

（1）微笑可以感染顾客。顾客花钱消费的时候，可不想看到你愁眉苦脸的样子。当顾客怒气冲冲来投诉的时候，你这样只会火上浇油。相反，如果你真诚地对顾客微笑，你就可能感染他，使他调整态度，或者使他感到愉悦。

（2）微笑可以激发热情。微笑传递这样的信息："见到你我很高兴，我愿意为你服务。"所以，微笑可以激发你的服务热情，使你为顾客提供周到的服务。

（3）微笑可以增强创造力。当你微笑的时候，你就处于一种轻松愉悦的状态，有助于思维活跃，从而创造性地解决顾客的问题。相反，如果你的神经紧绷，只会越来越紧张，创造力就会被扼杀。

一、收银员语言礼仪

收银员通过口头语言表达的各种礼仪，是收银员在工作场合与人交谈时应当遵循的规范和惯例。收银员在工作期间与客户的交谈，往往与其工作能力、工作水平、个人魅力以及待人接物的态度紧密联系在一起。因此，语言是收银员个人素质的有机组成部分。收银员在迎来送往的工作中正确使用语言礼仪，对提高工作效率和工作业绩显得特别重要。因此，掌握和应用好语言礼仪，是收银员必备的基础礼仪之一。

收银员在工作场合应使用规范的语言，并遵守以下规则：

（1）耐心倾听。收银员要与顾客建立良好关系，就要热情。而认真地倾听客人说话是表达热情的最好方式之一。在与顾客的交流中，专注倾听表明了对顾客的尊重。

（2）幽默灵活。在收银工作中，学会使用幽默的语言，会缓和一些激化的矛盾，尤其在处理投诉时效果会更好。

（3）言而有信。不能因为要销售商品而向顾客空许诺言，承诺的优惠、打折、抽奖等也一定要兑现。

（4）讲究方式。讲话方式有多种，如说明式、规劝式、讲述式、询问式、安慰式、赞美式、问候式、委婉式。针对不同的情况、不同的顾客，要选择不同的讲话方式。

注意：

语言礼仪的要点是让双方都感到舒心。让对方有被尊重的感觉，让自己有被肯定的感觉，这是语言礼仪的最高境界。

（一）问候礼仪

问候，也就是问好、打招呼，就是以语言向对方致意的一种礼仪方式。恰当、合适、亲切的问候，是做好收银工作的一项重要内容。因此，收银员必须掌握问候礼仪的基本内容和基本要求。

1. 问候礼仪的内容

（1）对问候要有正确的认识。问候是联络感情的手段，沟通心灵的方式，增进友谊的纽带。所以，绝对不能轻视和小看它。工作期间，对周边的人，包括单位的同事、领导、朋友、顾客等，不论其身份、地位、年长、年幼、是男、是女，都应该只要一见面就要学会问候对方，表示亲切、友好，这也是一个人内在修养程度的重要标志。

（2）问候的方式可以灵活机动、多种多样。有的可以问好、问安，有的可以祝福、握手，有的可以点头、招手、微笑等。问候的时候，要根据当时的具体情况，表达出对他人的尊敬和重视。但是，不论在什么地方和什么时候，问候的时候，都要面带微笑，眼睛看着对方，表示诚心诚意，而不是敷衍了事、客套一番而已。

（3）要认真回谢对方。别人向你问候时，要向别人认真地、及时地、热情地回谢。把“谢谢”二字说得恰到好处也很有学问，口与眼要紧密配合，嘴里说“谢谢”时，眼神里一定要表现出真心，不是漫不经心地随便应付一句。否则，毫无表情，连看都不看一眼，就随便敷衍一句，别人立刻会感到你的虚伪，从而从心底里泛起反感和不快，甚至产生厌烦情绪，回谢之意起到了相反的作用。人多的时候，要向大家致谢，或一一道谢，或一齐道谢。

2. 问候态度

问候是敬意的一种表现，态度上需要注意：

（1）要主动。问候别人时，要积极、主动。当别人首先问候自己时，要立即予以回应，不应不理不睬。

（2）要热情。问候别人的时候，通常要表现得热情、友好。毫无表情或者表情冷漠的问候不如不问候。

（3）要自然。问候别人的时候，主动、热情的态度，必须表现得自然而大方。矫揉造作、神态夸张，或者扭扭捏捏，反而会给人留下虚情假意的不好印象。

（4）要专注。问候的时候，要面含笑意，以双目注视对方的两眼，以示口到、眼到、意到，专心致志。不要在问候对方的时候，眼睛已经看到别的地方，让对方感觉敷衍、没有诚意。

3. 问候形式。问候内容有两种形式：

（1）直接式：就是直截了当地以问好作为问候的主要内容，它适用于正式的工作场合和初次相见。

（2）间接式：就是以某些约定俗成的问候语，或者在当时条件下可以引入的话题来问候，主要适用于非正式、熟人之间的问候。如“忙什么呢”“来了”“吃了吗”等。

（二）交谈礼仪

交谈，是一种有来有往的双边或多边的言语和情感的交流活动，是人们表达思想及情感的重要工具，也是人际交往的主要手段。所以，强化语言方面的修养，学习、掌握并运用好交谈的礼仪，是收银员的一项至关重要的工作。

1. 交谈礼仪的基本原则

（1）态度真诚、神态专注的原则。交谈，是收银员在工作期间的重要工作之一。交谈时神态要专注，切忌东张西望、左顾右盼、心不在焉，这些极不礼貌的表现，会使对方感到被你轻视而不悦。在交谈过程中，也不要面带倦容，随意打哈欠、伸懒腰，显出一副疲惫不堪的样子。

（2）互相尊重的原则。收银员要想在交谈中取得满意的效果，就必须顾及对方的心理需求，就必须以相互尊重为前提，无论地位高低、年纪大小，切不可盛气凌人、唯我独尊。所以，交谈时，要尽量使用礼貌语，恰当地运用敬语和自谦语，在心理上、用词上、语调上，体现出对对方的尊重。

（3）反馈原则。交谈要注意反馈。当对方在阐述自己的观点时，收银员要通过适当的眼神、手势或其他形体语言，让对方感觉到你在认真倾听。

2. 交谈的态度

谈话的时候态度要诚恳、自然、大方，语气要和蔼亲切，表达要得体。

3. 交谈的注意事项

不要论人是非，发泄牢骚；不要花言巧语，虚伪客套；不要插嘴、抬杠。出于尊重的需要，别人讲话的时候，不要中途打断或是与人争辩。注意手势不要过大、动作要适当。不要和对方离得过近或过远，尤其注意不要唾沫四溅。

二、收银员服务用语

在适当的时机与顾客打招呼，不仅可以缩短收银员与顾客之间的距离，建立良好的关系，还可以活跃工作场合的气氛。只要收银员能够友善、热心地对待顾客，顾客也会以友善的态度来回馈收银员。

收银员与顾客接触时，除了应将“请”“谢谢”“对不起”随时挂在嘴边，还有以下常用待客用语：

当顾客走近收银台时，收银员说：“欢迎光临！您好！”

欲离开顾客，为顾客做其他服务时：“对不起，请您稍等一下。”同时须告知顾客离开的理由。

顾客在叙述事情或接到顾客的要求时，不能默不吭声，必须有所表示：“是的！”“好的！”“我知道了！”“我明白了”……当顾客等候时，应该说：“对不起，让您久等了。”

当顾客结束购物时，必须感谢顾客的惠顾：“谢谢，欢迎再次光临！再见！”

为顾客结账服务时，要做到三唱服务：“总共××元/收您××元/找您××元。”

语言礼仪标准如表5－1所示。

表5－1　　语言礼仪标准

情　　境	标准内容
同顾客主动打招呼	欢迎光临！您好！早上好！中午好！下午好！晚上好！
区分顾客的性别、年龄	“先生……”“女士……”“小朋友……”“阿姨……”等
向顾客推荐商品	“您好，满××元可以换购您需要换购吗？可换的商品有……”
暂时离开收银台时	“请您稍等一下”
重新回到收银台时	“对不起，让您久等了”
自己疏忽或没有解决办法时	“真抱歉”或“对不起”
提供意见让顾客决定时	“若是您同意的话请您……”
希望顾客接纳自己的意见时	“您看这样是否可以……”
当提出几种意见请问顾客时	“您的意思是……您觉得怎么样呢？”
遇到顾客抱怨时	仔细聆听顾客的意见并予以记录，如果问题严重不要立即下结论而应请主管出面向顾客解释，安慰用语为：“是的，我明白您的意思，我会将您的建议呈报领导并尽快改善”
顾客询问商品是否新鲜时	“一定新鲜，如果买回去不满意您可以拿来退货”
顾客要求包装礼品时	“请您先在收银台结账再麻烦您到服务台，有专人为您包装”
当顾客询问优惠/促销活动情况时	应先介绍优惠/促销活动情况，同时拿宣传单/海报给顾客并告诉顾客：“这里有详细的内容，请您慢慢参考选购”
在店门口遇到购买了本店商品的顾客时	“谢谢惠顾，您慢走”（面对顾客点头示意）
自己空闲而顾客又不知要到何处结账时	“欢迎光临，请到这里来结账好吗？”（以手势指向结账台并轻轻点头示意）
向顾客传递特价信息	“您好，这是最新的促销海报，您回去可以看一看……”“您好，新特价的快讯单在××地方，您有兴趣可以拿来看……”
顾客商品未称重/未打价签	“您好，××商品没称重，请（麻烦）您去××地方称重……”“您好，××商品没有价签，请您先去换个有价签的，回来可以优先结账……”
发现同事计错价	“对不起，××计价错误，我请人帮您重新计价，请稍等候”
顾客寻找收银机结账	“先生（女士）请往这边走，这边结账……”

续表

情　境	标 准 内 容
顾客将商品放在手中，无购物车（篮）	将购物车（篮）提供给顾客，并说“您好，给您一个购物车（篮），这样方便……”“您好，给您一个购物车（篮）您将东西放在车（篮）里……”
顾客商品散落	弯腰或下蹲帮助顾客收拾商品，并说“没伤到您吧？”“您需要什么帮助吗？”
顾客有不舒服等症状	“先生/女士，请问有什么可以帮助您的吗？”“先生/女士，您需要什么帮助吗？”“先生/小姐您是否有些不舒服？我能为您做点什么？”
顾客打烂商品	“不要紧我来收拾，您小心/您没事吧？”等
顾客付款前食用所选商品	“对不起，先生/女士/小朋友请付款后再吃/喝××谢谢！”

小案例

如果收银员不说礼貌用语，商场则支付给顾客5元钱。这是沃尔玛山姆会员店向会员顾客推出的“花钱买服务”活动。负责收银接待管理的刘小姐介绍说，她们要求收银员为顾客结账时要用礼貌用语，如“您好，请出示您的会员卡”“再见，欢迎您再次惠顾”等，如果顾客发现收银员不是这么说的，就可以出示会员卡进行登记，然后拿走“花钱买服务”的5元钱。

三、收银员服务规范

为加强收银员的职业道德，规范收银员的工作行为，提高收银员的素质，保证收银工作的顺利进行，收银员在工作中必须遵守以下规范：

（1）收银员必须遵守“六必须”“八不准”。

①“六必须”具体内容为：必须按规定整齐着装；必须发型规范、淡妆上岗、坐姿端庄、站姿标准；必须精神饱满、主动热情、微笑待客；必须文明礼貌、使用普通话、文明用语和唱收唱付；必须保持款台干净整齐；必须保持账款一致。

②“八不准”具体内容为：不准在收银台内聊天、嬉笑、打闹；不准在当班时擅自离台、离岗、停台；不准在收银台内看书、看报；不准以点款、结账为借口，拒收和冷落顾客；不准在款台内会客、吃东西、喝饮料，将水杯放在收款台上；不准踢、蹬、跷、靠、坐收银台；不准未到下班时间私自关闭款台或拒收；不准对顾客争吵、辱骂甚至殴打。

（2）收银员必须遵守本单位的财务制度和考勤制度。

（3）收银员到岗后，首先做好收银台的卫生。

（4）每天的着装要得体，上班要穿工装，淡妆上班。

（5）收银员当班时不得将私人的钱物带进工作场所。

（6）每日听到迎宾曲时都要起立迎宾。

（7）收银员要注意自己的服务态度和服务技巧，不管任何情况，不得和顾客发生争吵。

（8）熟知卖场的布局和300元以上商品价格。

（9）当班时，收银员不得无故离台。如有事离台必须通知领班主管，并拉上护栏。

（10）收受支票、信用卡的收银员，对收受的银行票据必须票面清楚，对有疑问的，一定要告知主管和总收来决定是否接受。

（11）信用卡台的收银员每天营业结束后必须打印出结账单并关掉银行 POS 机的电源。

（12）收银时必须对所有商品进行扫码，不能有遗漏。

（13）收银员必须爱护收银工具，如有损坏，照价赔偿。

（14）交接班时要交接物品并签字，结束营业时必须将物品锁进抽屉并关闭收银机。

模块三　收银员行为礼仪

收银员的一举一动都关系到企业的形象。收银员的行为举止主要是指其接待顾客过程中的站立、行走、言谈、表情、拿取商品等方面的动作等。收银员在接待顾客时的行为举止，往往最能影响顾客的情绪。收银员言谈清晰文雅，举止落落大方，态度热情慎重，动作干脆利落，会给顾客以亲切、愉快、轻松、舒适的感觉；相反，举止轻浮，言谈粗鲁或动作拖拉、漫不经心，则会使顾客产生厌烦心理。

一、站姿礼仪

头端目正，小腹微收，双肩平正并稍向后张，右手放在左手上面，虎口交叉相握，自然垂放于体前。

挺胸、收腹、提臀；双膝尽量靠拢，脚尖呈 30 度张开（其间距以一拳为宜），脚跟相靠，身体重心自两腿间垂直向下，全身重量均匀分布于双脚。

二、坐姿礼仪

头部端正，上身平直，上腭稍向前送，目光直视前方。

挺胸，直腰，身体重心集中在腰部，双手自然放于腿上，两腿并拢，双脚平放于地面，两脚前后放置相差不超过半个脚长。

三、行走礼仪

上身平直端正，稍向后倾 3～5 度，双目平视前方，两肩左右相平，不前后左右摇晃。

行走时，双手五指自然并拢，两臂以肩为轴自然摆动，前摆时肘关节稍微弯曲，后摆幅度不宜超过 30～35 度，不用力甩腕。

双腿在行走过程中直而不僵，走步时，脚尖方向要端正，双脚沿直线平行向前，步幅不宜过大，步频不宜过快。

四、手势礼仪

1. 指引手势

五指并拢，掌心朝上，手臂以肘关节为支点，自然从体前上扬并向所指方向伸直（手臂伸直后应比肩低），同时上身前倾，头偏向指示方向并以目光示意。

2. 交谈手势

与人交谈时使用手势时，动作不宜过大，手势不宜过多。不要用拇指指向自己（应用手掌轻按左胸），不要击掌或拍腿，更不可手舞足蹈。

总之，作为收银员，要在工作中学习礼仪，要在工作时应用礼仪，才能把收银工作做得更好。只有不断求上进、与时俱进，才能有益于顾客、有益于社会、有益于自我、有益于家庭，才有可能达到和谐的工作环境。

模块四　提高收银员心理素质

每到收银高峰期，收银员面对排着长队等待结账的顾客，心理压力是非常大的。因为心理压力大，在收银过程中难免会出现手忙脚乱、忙中出错的现象。因此，作为收银员，应通过不断提高心理素质来应对工作中可能出现的各种情况。

良好的心理素质是做好收银工作的基本条件。

那么，如何培养和提高收银员的心理素质呢？

良好的心理素质主要是通过接受相关培训和参加社会实践活动来得以改善和提高。企业则可以从以下 3 个方面改善收银员的心理素质。

一、正确引导收银员的主导需求

所谓主导需求，是指在人们的多种合理需要中处于主导地位的需求。人们的工作热情被激发的程度与其主导需求满足的程度成正比，只有满足了人们的主导需求，才能更有效地激发其工作积极性。由于人们的经历、年龄、性别、文化修养、经济条件等方面的不同，个人的主导需求表现出很大的差异性。对于收银员这个群体，企业应把握收银员的主导需求的特殊性，有针对性地采取有效措施进行正确引导。

收银员主导需求的正确引导措施有：

（1）增强收银员的社会责任感和荣誉感；

（2）选择正面/正能量的主导需求；

（3）激发自己的专业兴趣；

（4）树立正确的信念。

二、增强收银员的自我意识能力

收银员良好的心理素质，不仅取决于收银员的气质、能力、性格等个性心理，而且取决于收银员的品德、情感、注意力等自我意识心理。收银员培养自己心理素质的一个重要方面，就是在掌握自己个性心理特征的基础上，进行自我意识能力的培养。自我意识的增强，能使收银员主动根据社会要求，发扬自己个性中的优点，抑制个性中的缺点，积极关注个人品德素养和情感素养的提高。具体应做好以下三方面的工作：

（1）树立正确的是非观和名誉观；
（2）学习优秀收银员的高尚品德，促进其思想觉悟的提高；
（3）利用各种形式的教育，培养热爱本职工作和服务对象的浓厚感情。

三、改善收银工作的客观环境

整洁、舒适的工作环境是培养收银员良好心理素质的外在条件。收银员的工作是复杂的、单调的、辛苦的，容易产生心理疲劳，这种心理疲劳往往影响收银员的心情，甚至影响收银员的服务态度。因此，在条件许可的情况下，应尽可能为收银员创造良好的工作环境。一般来说有以下措施：

（1）美化工作环境，提高设备性能；
（2）搞好组织工作，协调成员关系；
（3）提高知识水平和技能，改善生活条件。

实战演练

一、不定项选择题

1. 收银服务的直接对象是（　　）。
A. 企业　B. 单位　C. 顾客　D. 学校
2. 仪容的中心是（　　）。
A. 整体协调　B. 脸　C. 着装　D. 头发
3. 仪容的重点是（　　）。
A. 美容化妆　B. 穿着　C. 整体协调　D. 头发
4. “忙什么呢?”属于（　　）问候方式。
A. 直接式　B. 间接式　C. 交互式　D. 递进式
5. “你好，好久不见了。”属于（　　）问候方式。
A. 直接式　B. 间接式　C. 交互式　D. 递进式
6. 礼仪的内容包括（　　）。
A. 礼节　B. 礼貌　C. 仪式　D. 礼俗
7. 仪表，即人的外表，主要包括（　　）。
A. 容貌　B. 举止　C. 姿态　D. 风度
8. 现代社会的仪式包括（　　）。
A. 告别仪式　B. 开业仪式　C. 奠基仪式　D. 剪彩仪式
9. 礼仪的特性有（　　）。
A. 共通性　B. 文明性　C. 传承性　D. 规范性
10. 礼仪的功能有（　　）。
A. 弘扬传统　B. 提高自身修养　C. 改善人际关系　D. 建设精神文明
11. 仪表集中反映了一个人的（　　）。

A. 个性气质　　B. 道德修养　　C. 审美修养　　D. 文化品位

12. 收银员的服饰原则简单说就是（　　）。

A. 应制　　B. 应时　　C. 应景　　D. 应己

13. 化妆礼仪的基本要点是（　　）。

A. 简单应付　　B. 自然　　C. 协调　　D. 避人

14. 收银员的服饰应（　　）。

A. 整齐　　B. 清洁　　C. 大方　　D. 挺括

15. 收银员语言礼仪规则为（　　）。

A. 耐心倾听　　B. 幽默灵活　　C. 言而有信　　D. 讲究方式

16. 收银员的行为礼仪包括（　　）。

A. 站姿礼仪　　B. 坐姿礼仪　　C. 行走礼仪　　D. 手势礼仪

17. 现代问候礼仪中，问候态度需要注意的是（　　）。

A. 要主动　　B. 要热情　　C. 要自然　　D. 要专注

18. 交谈礼仪具有的基本原则是（　　）。

A. 态度真诚、神态专注原则　　B. 互相尊重原则

C. 反馈原则　　D. 致敬原则

二、判断题

1. 一个人的发型可以反映出一个人的文化修养、审美水平和精神状态。（　　）
2. 收银员工作期间可以戴手链和黑色眼镜。（　　）
3. 女收银员上班期间可以披长发。（　　）
4. 工牌徽章是工作岗位和职责的标志，收银员上岗时必须佩戴，也可以转借给他人使用。（　　）

三、简答题

1. 简述收银员容貌礼仪的内容以及应注意的规范。
2. 简述收银员化妆礼仪的基本要点。
3. 简述收银员服饰礼仪的基本原则。
4. 简述收银员语言礼仪的基本规则。
5. 简述收银员交谈礼仪的基本原则。
6. 简述收银员必须遵守的“六必须”“八不准”的内容。

四、实训题

1. 收银员语言礼仪训练。

【实训目的】通过实训让学生更好地掌握收银员语言礼仪的基本要求和内容。

【实训要求】

（1）对学生进行分组，分别扮演收银员和顾客的角色。要求扮演收银员的学生，使用规范语言为顾客服务。

（2）老师需为扮演顾客的学生设计一些服务要求。

2. 收银员容貌及服装礼仪训练。

【实训目的】通过容貌及服装礼仪实训，掌握收银员在化妆、发型和着装方面的知识和要求。

【实训要求】

(1) 要求每位同学准备化妆用品，自己化妆和整理发型，搭配服装。

(2) 展示各自的妆容。

3. 考核评价。

(1) 首先同学之间互相评价并打分。

(2) 老师在学生评价的基础上对每位学生的表现做出点评，并打出相应的分数。

项目六
收银工作管理

【知识目标】

1. 了解收银工作排班与排岗的原则、步骤和方式。
2. 了解总收款室的管理规定、工作程序以及零用金的管理。

【能力目标】

1. 熟悉收银工作排班与排岗的原则。
2. 熟悉总收款室的管理规定。
3. 熟悉总收款室的工作程序以及零用金的管理。

【素质目标】

1. 树立团队协作意识，优化收银流程，提升整体工作效率，保障收银工作顺畅进行。
2. 培养敏锐的问题洞察力和果断的决策能力，能迅速识别并解决收银环节出现的各类问题。

【思维导图】

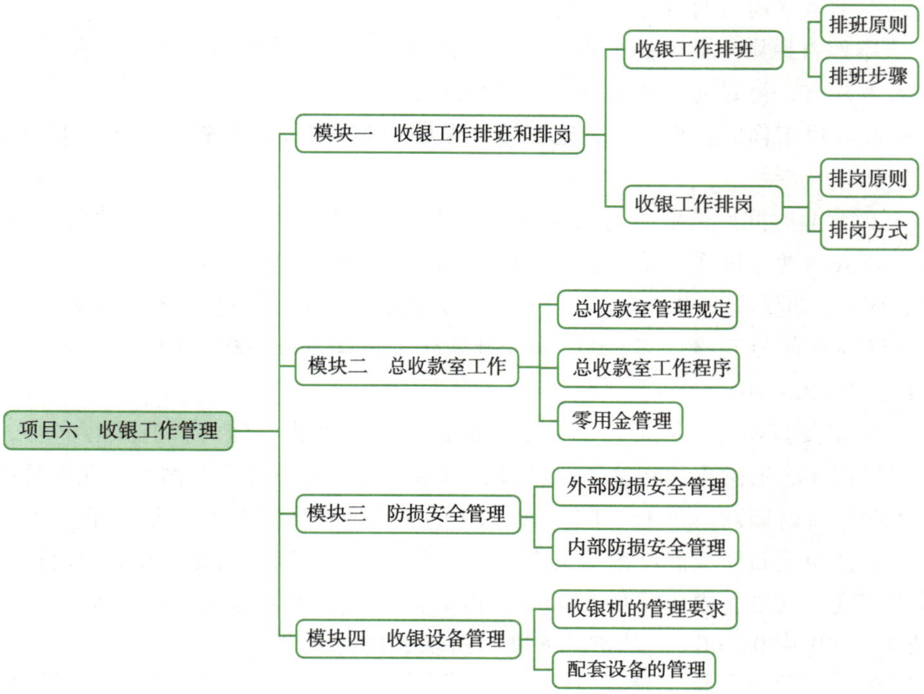

模块一 收银工作排班和排岗

一、收银工作排班

收银工作的排班和排岗对商场或超市来说都是非常重要的。因为，排班和排岗合理与否，是影响收银工作效率和质量的重要因素之一，而收银工作的效率和质量是企业服务质量的直接体现。排班过多和排班不足以及排岗不当，都会影响企业的服务水平和人力成本。因此收银工作的排班和排岗不仅需要有丰富的经验，同时要根据公司的具体情况进行有效分析，使预计的排班和排岗能最大限度地与企业实际的销售业务相匹配。

（一）排班原则

（1）收银五人原则。即任何时候，保证每一台收银机前排队等候结账的顾客一般不超过五人，从而保证能及时向顾客提供收银服务。

（2）匹配营业交易原则。此原则是指排班要与不同时段的营业额、结账顾客的数量相匹配，营业高峰期间开机数量多，营业低谷期间开机数量少。

（3）排班简单原则。此原则是指排班要尽量使收银员每周的班次简单易记，如每周上同一班次，而不是一周内两三个班次轮换。

（4）成本效益原则。此原则是指将总工时控制在企业要求的范围内，避免收银员闲置，有较少的人力开支，更好地体现企业低成本经营策略。

为了提高收银工作的效率，要合理安排收银员的工作排班。收银工作排班时应考虑以下因素：

（1）全天营业时间。营业时间的长短是排班时的主要考虑因素之一。营业时间在 12 个小时左右，可安排两个班次。超过者，则可安排 3 个班次。

例如，营业时间为上午 9：00－22：00，可安排早班（8：30－17：30）及晚班（13：30－22：30）；若营业时间为 7：30－22：00，可安排早班（7：00－16：00）、中班（10：00－19：00）及晚班（13：30－22：30）。

（2）客流量及营业额。尽管在十几个小时的营业时间内，随时都有顾客光临，但是仔细观察可以发现顾客通常集中在某几个时段，也就是高峰营业时间。例如，在办公区的超级市场，中午的午餐时间和下午 16：00－19：00 的下班时段人流较多；而一般位于郊区的卖场，在早上以及晚上新闻或连续剧结束之后也会出现一波人潮。因此，在高峰时段应增加收银员的排班密度，反之，则应降低收银员的排班密度。例如，可增加中班人员（10：00－19：00 或 11：00－20：00），以应对下班时出现的购物人潮。

提示：

错开排班不仅可以更好地适应各销售时段的服务需要，而且可以避免大批收银员闲置，有效减少人力开支，更好地配合公司低成本经营的战略。

（3）收银机数量。合理的数量与高效运作的收银设备，是使顾客满意而归、重复购买的决定性因素之一。收银机配置数量与销售额、卖场面积、收银员职责以及工作效率都有密切的关系，所以要根据实际情况进行配置。美国的收银机设置标准为每周销售额每 0.5 万美元～1 万美元配置一台收银机；日本的收银机设置标准是每 100 平方米营业面积设置一台收银机。

（4）收银员工作餐的时段安排。收银员工作餐安排是否合理，在一定程度上也会影响公司的经营情况。因此，公司在安排收银员的工作餐时应掌握以下原则：第一，必须保证收银员能够在合理的工作时间内用餐，不能过早/过迟，甚至取消工作餐时间；第二，安排工作餐时以不影响收银工作为最佳的安排原则；第三，工作餐由收银主管统一安排，收银员可请求用餐，但不得未经安排擅离岗位；第四，一个收银台的收银员用餐期间，相邻的收银台不得空台。

工作餐安排可采用轮流、换岗和暂停三种方式。轮流，即收银主管根据排班和排岗记录，轮流安排收银员用餐。换岗，即让用餐的收银员进行班结，另一收银员重新上机，收银机继续开机工作。暂停，即让用餐的收银员暂停收银，并使收银机处于关机状态。

（5）收银员的人数。在安排班次及各班次的值班人数时，还要考虑现有的正式和兼职收银员的人数。这不仅是编制的问题，还涉及人工成本的考虑，以符合公司的经营原则。

一般而言，正式收银员都经过规定的训练，熟悉公司的整体收银工作；而兼职人员只担负部分工作（如袋装服务），工作时间也不如正式收银员长，大部分由现场人员随机指导。因此，在排班时，每一班次都必须有正式人员值班，负责执行收银作业、现金管理和特殊情况的处理等；在高峰时段或节假日，则可以弹性安排兼职人员，以配合营业需要。

（6）收银员的轮休安排。收银工作比较辛苦，从以人为本的经营理念出发，应对收银员给予必要的关心。合理安排收银员休息时间，以此提高收银员的工作热情、积极性和责任心，对提高整个收银管理工作的质量是非常重要的。

（7）每班次收银员工作时间的长短。不同班次的工作时间有所不同，因为早晚班的工作内容和工作强度各不相同，应以卖场实际情况和收银员收银能力的最大限度发挥为依据进行安排，有利于提高收银工作的效率。

（8）节假日、大型促销活动时的特殊需要。遇到周末、法定假日、寒暑假、民俗节庆或者是企业实施促销活动期间，企业的营业状况往往比平日要好，不仅顾客人数较多，每个顾客的平均购买金额也会较高。尤其在促销期间，收银工作还得配合赠送优惠券、印花或摸彩等促销活动。因此，在特殊的时令或假期，必须在排班上作一些变动，或设法将收银员的休假时间调开。

在综合考虑上述因素之后，收银作业排班可以 1 周或 1 个月为基准，排定“收银人员排班表”，并张贴在公布栏或打卡处，以方便收银人员查阅。

（二）排班步骤

（1）调整以前排班的不足。收银排班前，首先根据过去一个阶段或上月、去年的排班情况，特别是对上一阶段中排班不足或排班过多的情况进行调整。

（2）预估销售额。对本次排班的整个时间段内的销售情况进行预先估计，包括对正常营业日、周末和节假日销售额的预先估算等。

（3）确定开机数量。对每一天各个不同时段的销售额进行分析，确定各个重要时间段所需要开机的数量或根据经验决定开机的数量。

（4）进行初步排班。考虑前述影响排班的 8 个要素，并初步排出科学合理的班次。

（5）进行排班的最后调整。对排定的班次做进一步的调整，并考虑不同收银员、不同班次的调整，最后确定出合理、适用的“收银人员排班表”。

情境引例

国内某大型超市现共有收银机 30 台，超市全天的营业时间为：8：00—22：30，设置了早、中、晚三班。

各个营业时段的开机数量安排如下：

8：00—10：00	7 台
10：00—14：00	16 台
14：00—15：00	8 台
15：00—18：00	30 台
18：00—19：00	20 台
19：00—22：30	10 台

收银员及收银小组排班如表 6－1 和表 6－2 所示。

表 6-1　　　　某超市收银排班表（个人）

××年×月

姓名	1	2	3	4	5	6	7	8	9	10	11	12	13	14	15	略
	日	一	二	三	四	五	六	日	一	二	三	四	五	六	日	
曹娅琼	A	A	☺	C	C	A	C	C	A	C	A	☺	☺	☺	C	
董亮	C	C	A	☺	☺	C	☺	☺	C	A	C	A	C	A	☺	
范蕾	☺	☺	C	A	A	☺	A	A	☺	☺	☺	C	A	C	A	
樊冬明	☺	☺	☺	☺	C	C	A	C	B	B	A	☺	☺	C	A	
沈璐琳	B	B	B	B	☺	☺	C	A	A	C	C	☺	☺	A	C	
刘芮君	B	B	B	B	A	A	☺	☺	C	A	B	B	B	☺	☺	
⋮																

注：A 为 8：00—17：00，B 为 10：00—19：00，C 为 14：30—22：30，☺为轮休。

表 6-2　　　　某超市收银排班表（收银小组）

××年×月

班次代码	时　间	人　数	备　注
A1	08：00-17：00	6	有工作中餐，时间 30 分钟
A2	10：00-19：00	15	有工作中餐，时间 30 分钟
A3	14：30-22：30	10	有工作晚餐，时间 30 分钟

经过上述排班后，该超市全天营业时间内各时间段收银员在岗人数如表 6-3 所示。

表 6-3　　　　各时段收银员在岗人数

时间段	在岗人数	在岗人员班次
8：00-10：00	6	早班人员
10：00-14：30	21	早班与中班人员
14：30-17：00	31	早、中、晚班人员
17：00-19：00	25	中、晚班人员
19：00-22：30	10	晚班人员

二、收银工作排岗

收银排班决定某一时间收银机的最大开机数量和收银员的人数，排岗则确定收银机实际的开机数量和开机的具体位置。

（一）排岗原则

1. 数量原则

（1）收银五人原则。原则上只要有未开机的收银台，每台收银机前等候结账的顾客以不超过五人（含五人）为限，一旦顾客排队等候的人数超过五人时，收银主管要及时开放新的收银台以疏导客流。

（2）满开机原则。营业高峰期间，开机的最大数量是开满所有的收银机，而不是排班上的最大开机数量。

2. 位置原则

（1）不选择原则。收银员不能自己要求在某一指定的收银机上机，必须服从收银主管的安排。

（2）方便顾客原则。便于顾客寻找，选择离顾客购物区域较近的收银机。

（3）平衡分流原则。分流顾客，避免过多的顾客集中在某几个或某一个区域内付款。

3. 匹配的原则

排岗收银机的数量和位置与付款客流量最大限度地进行现场匹配。

（二）排岗方式

1. 客流法

根据付款顾客人数的多少决定开机的数量和位置。①某一时间段内，某一区域的客流量较多时，临近区域的收银机开机。如早晨买生鲜食品的顾客多，则临近该区域的收银机优先开机。②某几个收银机客流较多时，选熟练、快速的收银员上岗。③根据客人的流量，随时决定开机的位置和数量。

2. 区域法

考虑不同的销售区域进行排岗。①特别区域必须保证全工作时间内的开机，如精品区域。②排岗时考虑较大客流的区域内要有开机，以保证客人付款方便。③某一收银区的付款客人较多，另一收银区客人较少时，在后者区域开机。④开机时适当分散开机，尽量分散顾客。

模块二　总收款室工作

总收款室的工作主要是准确、准时地处理、结算公司每日的营业资金，计算处理收款差异，为各收银台准备零用金，并每日向管理层提供相应的收银情况报表和报告。

一、总收款室管理规定

总收款室是企业的一个重要部门，各收银台每天的营业收入在这里汇集、结算和存放，工作稍有疏忽就会给企业带来巨大的经济损失。各企业对总收款室的管理可能会有具体的区别，但从保护资金安全的角度来看，管理规定的内容是一致的。一般来讲，管理规定的内容包括：

（1）进入总收款室的员工必须经过授权或临时授权，无授权人员不能进入总收款室。

（2）总收款室人员执行保密原则，包括保险柜密码、金库门密码、计算机操作密码，一概不能泄露给其他人员或总收款室其他同事。

（3）总收款室的环境要安全可靠，包括门禁、防盗、资金存放、安全存款、资金安全进出等方面的安全制度要健全。

（4）任何时候，现金处理不得单独一人操作，必须两人以上一起进行；任何时候，总收款室不得一人留守，全体班次人员必须同进同出。

（5）总收款室工作最重要、最基本的原则是“准确原则”，对各项业务的处理必须具有100%的准确度。非总收款室人员不得与总收款室做任何现金清点结算工作。

（6）信用卡单、支票与现金、备用零用金必须存放在不同保险柜或在保险柜中分开存放。

（7）当日的现金必须当日处理完毕，现金不过夜；当日工作当日完成，任何工作结束时，应将所有现金放入金库保险柜中，台面上不得留有任何现金。

（8）知道保险柜密码的人都必须登记，任何人辞职时都必须及时更换密码。所有保险柜的钥匙不得带出总收款室。

二、总收款室工作程序

（一）营业前的工作程序

（1）早班人员到岗后打开门禁，查看交接班记录。

（2）打开保险柜发放收银机零用金袋子，兑换零用金，由收银主管签字。

（3）发放发票，由客户服务部主管签字。

（4）办理收银台专用用具的领出工作，由收银主管签字。

（5）借出收银机钥匙，由收银主管签字。

（二）营业中的工作程序

（1）大钞预收及处理预收款的具体步骤为：①按规定的时间进行营业期间的大钞预收。②将收取的营业款押送回总收款室。③迅速处理预收款，将每一袋预收款打开，一人清点现金、验钞、填单、签字，另一人复点现金、验钞、签字。④将所有现金按币值分类放好。⑤将数据输入计算机进行存储与处理。

（2）将预收款及时存入银行的具体步骤为：①将已经清点好的现金交给前来收款的银行工作人员。②由银行工作人员清点现金、查验假钞、填制单据并签字盖章。③登记相关现金账。④根据各种现金币值的需要，与银行每日兑换相应的零钱。

（3）营业期间兑零钱的具体步骤为：①根据兑零钱需要，随时为收银台兑换零钱。②兑零钱时双方要当场清点、交接所兑现金，总收款室还应查验是否有假钞或残钞。

（4）处理收银员班结业务的具体步骤为：①收银主管将收银员的班结钱袋交到总收款室。②总收款人员将班结钱袋逐一打开，一人清点现金、验钞、填单、签字，另一人复点现金、验钞、签字。③将所有现金按面值分类放好。④将相关数据输入计算机进行储存与处理。

（5）处理收银差异的具体步骤为：①获取 POS 机系统打印的“收银机班结报表”。②将“收银机班结报表”与“实际收款报表”进行比较，找出所有的收银差异。③针对收银差异，确定产生收银差异的收银员，对超出公司规定数额的，发单处理。④将处理结果在“收银差异报表”中进行记录并上报管理部门。

（三）营业后的工作程序

（1）结束当天的现金处理工作的具体步骤为：①收银主管将最后一班收银员的营业款押送回总收款室。②处理收银员班结袋。③将所有现金按币值分类放好。④将所有现金、有价证券等放入保险柜中，总收款室不能有任何处于“开放式”存放的现金。

（2）汇总工作情况并填制相关报表的具体步骤为：①确保全天所有收银机、所有上岗收银员的各项收款全部录入计算机。②打印出计算机汇总的报表并由相关人员签字确认。

（3）结束当天的其他工作的具体步骤为：①收银主管将所有收银机专用器具归还总收款室。②收银主管将收银机钥匙归还总收款室。③填写交接班日志。④锁好保险柜，检查电子防盗系统是否正常，关掉电源，设置门禁及报警系统，然后再下班。

三、零用金管理

零用金是在卖场开始营业之前，为每个当班收银员准备的一定金额的备用现金，以便在进行收银时可以找零，从而保证收银工作的顺利进行。零用金应包括各种面值的纸钞及硬币，其数额可根据营业状况来决定。收银机开机前（包括每日营业前和营业间重新开机前），必须设置收银机起始零用金，放在收银机的现金抽屉内。每台收银机每日的起始零用金相同。

（一）零用金的准备

总收款室人员负责准备、盘点每日收银机零用金，并且负责零用金安全及其金额的核对。任何人不得随意挪用零用金。

（1）收银机零用金的币值组合。可用作收银机零用金的货币币值如表 6－4 所示。

表 6－4

序号	币值（元）	币种
1	50	纸币
2	20	纸币
3	10	纸币
4	5	纸币
5	2	纸币
6	1	纸币或硬币
7	0.5	纸币或硬币
8	0.2	纸币
9	0.1	纸币或硬币

（2）收银机零用金的确定。预留备用金应该尽量留下小面值的现金，并且最好是按照各种大面值现金面额的倍数进行预留；根据实际营业情况的不同，每天给每个收银员预留的收银备用金可以在 500～1 000 元。节假日与非节假日的零用金应准备不相同的金额。

某卖场非节假日和节假日零用金的准备方案如表 6 – 5 和表 6 – 6 所示。

表 6 – 5　非节假日零用货币的组合方案

币　值（元）	数　量	金　额（元）
50	2	100
20	5	100
10	10	100
5	20	100
2	20	40
1	100	100
0. 5	20	10
0. 2	50	10
0. 1	100	10
合计		570

表 6 – 6　周末、节假日零用货币的组合方案

币　值（元）	数　量	金　额（元）
50	4	200
20	10	200
10	20	200
5	20	100
2	20	40
1	100	100
0. 5	50	25
0. 2	50	10
0. 1	100	10
合计		885

总收款室的工作人员在给每台收银机准备好零用金以后，还应由专人负责复核零用金的种类及金额是否正确，并填制“零用金登记表”，以明确责任。“零用金登记表”的一般格式如表 6 – 7 所示。

表 6 – 7　　**零 用 金 登 记 表**

年　　月　　日

公司名称：　　　　总收款室负责人：　　　　收银主管：

收银机编号	币值组合	金　额	初备人签字	复核人签字
1				
2				
3				
4				
5				

（二）兑零

在收银过程中需要大量的、小面值的现金，所以兑零是收银工作中时常发生的事情。兑零是指收银员将在收银过程中收到的 100 元面值和 50 元面值的大钞兑换成 20 元及以下面值的零钞，以便在收银过程中给顾客找零，而不影响收银工作的正常进行。当班的收银员应该在收银过程中随时检查零用金是否足够，视零钱的需要情况随时提出兑零要求。兑零工作是收银管理中的一项重要内容，其要求非常严格。兑零工作需要由当班收银员与企业授权的收银管理层共同完成。收银员在营业过程中发现零用金不足时切勿大声喊叫，也不能和其他的收银台互换，更不能因零用金不足而拒绝收银服务，而应用灯光或广播的方式请收银主管或领班进行兑换。从收银管理的角度看，收银员之间不允许私自兑换零钱，以免影响他们的收银工作，更是为了避免因收银员之间零钱兑换不当而造成工作差错。从兑零工作本身讲，每次兑零都要求收银员、收银管理层、总收款室的工作人员做到准确无误。

提示：

（1）兑零必须在需要兑零的收银机岗位旁进行，不得远离岗位。

（2）收银管理层与收银员现场确认现金数量、币种是否正确以及钱币的真伪，不得赊账或过后算账。

在营业中零用金用完需要兑零时，应按下列程序操作：①由收银员向收银管理层提出兑换零钱的申请。②收银管理层到总收款室兑换零钱后再交给收银员。③由总收款室的工作人员、收银管理层和收银员三方签字确认。

模块三　防损安全管理

偷盗问题是卖场在安全管理上相当重要的一部分。防范的对象除了一般的顾客以外，也不可忽视卖场本身的工作人员，特别是在职务上存在一定便利条件，可以侵占公司钱财或图利于亲友的工作人员，如收银员等。因此对超市防损应从内部和外部两个方面进行管理。

议一议

商品被偷窃是常有的事，只是在商品被偷之后，除非有监控录像，或者当场抓住，否则常常是很难有结果的。有一天，正当门店生意较忙时，一位新员工看到一位先生偷偷将洗发水放入口袋，忙问店长该怎么办。店长告诉他，遇到这种事情时，最重要的是处理时不要伤害客人。所以，当这位先生来到收银台前结账时，店长以最自然的态度对这位先生说："先生，你的洗发水要不要我先帮你包起来？"这位先生有点尴尬，把口袋里的洗发水拿出来让店长结账，店长还趁这个时候和这位先生聊天，让气氛缓和下来，让一切都和平常一样。

分析：遇到偷窃的事情，如何圆满地处理是很重要的。总之，当出现案例中的情况时，当着店里许多顾客的面，不要轻易下"你偷东西"的结论，以免造成冲突，给公司带来负面影响。

一、外部防损安全管理

收银员主要与钱打交道，而一般的超级市场往往将入口和出口的收银处设计在同一区域，因而容易成为被骗、被抢的对象，故要在工作中运用适当的防损技巧，加强自我安全防范。收银员在工作时要注意以下几点：①要注意观察顾客的手与眼，尤其要注意不敢正视店员者。②正在进行收款录入的时候，有顾客不停地谈话，要保持警惕。③离开柜台时应锁上收银机并带走钥匙。④眼睛看着顾客时勿继续点钞，以防出现错误。⑤如累积大笔现金，应及时移送保险柜保存，不要与声称少找钱的顾客争吵。一旦有纠纷发生，先将收银机上锁，并立即请其他店员帮助。⑥对假币和信用诈骗要有识别的能力，要熟悉店中各种商品的价格。⑦无顾客结账时，要不停地扫视出口和通道。⑧当对一个顾客产生怀疑时，要保持冷静和礼貌，并通知主管或超市其他负责人。

防损工作一般从细微处入手，要减少不必要的损失，就需要收银员养成良好习惯，所以超市也应对收银员定期进行防损培训，提高收银员的防损意识。通常情况下，收银员需要留意以下 4 个方面：

（1）留意一些特殊人群，如小孩。对小孩手里拿着的玩具、书或食品等，应留心是顾客带来的还是本超市的商品。若发现小孩在吃超市里的东西，而其父母却佯装不知的话，应采取和善的态度提醒一下，以达到防损的目的。

（2）留意收银过程中一些特殊部位：①购物车的把手。有些顾客经常会挂一些东西在上面。②购物车的侧面。购物车的侧面经常会挂一些衣服，收银员要看一下是超市的商品，还是顾客脱下来顺手挂在购物车侧面的。③购物车底下。有些顾客买一袋面或一桶油放在车底下，收银员在收银的时候往往只注意购物车的上面，容易忽略购物车的底部。④车下的衣服。有时候顾客自己的衣服不挂在车把手或侧面，而是把衣物放在购物车下面，一般收银员也不好意思拿起顾客的衣服看下面还有没有其他物品，收银员在扫描完最后一件商品的时候要问一下顾客："商品是否都在这里？"婉转客气地提醒一下顾客。⑤书刊杂志。检查杂志报纸，防止藏匿扁平物品如贺年卡等。

（3）留意不完整或变形的标签。这些不完整的、变形的标签有时是个别不良顾客进行了调换以达到以次换好的目的。另外对一件商品上有重叠条码的应保持警觉，防止出现另一个条码黏附在原有的正确条码上面的可能性。收银员在扫描完商品条码以后，要注意商品的规格和价格是否一致。为此，收银员应该大致了解本超市各类商品的规格、重量、价格等情况。

（4）留意以下一些特殊商品：①容易被调包的商品。调包的商品容易发生在酒、家电、化妆品等商品上，这些商品很容易被偷梁换柱。②看似赠品的商品。收银员应该熟悉哪些是赠品、哪些是商品，不要把商品当成赠品。③体积大、价值小的成箱商品。比如说方便面，体积大但价值小，收银员在收一箱方便面的价款时应注意一下它的重量，通过重量来检查一下箱子里是不是这个商品，因为价值小、体积大的商品是非常容易被调包的。④有容积的商品。容易被利用的商品有箱包、被子等。为了防范，超市通常把标签贴在被子里面，所以收银员在收款的时候必须打开包装，在被子里面找标签进行扫描。曾有收银员在收款的过程中觉得被子有点沉，结果发现被子里面藏有其他商品。所以，即使被子的标签在外面，收银员也要留意其重量是否合理。⑤体育用品。体育用品有的按个来卖，有的是按对来卖，因此，收银员应了解哑铃、羽毛球拍等体育用品是单个卖还是成对卖的，收银员在扫描过程中要留意，否则就会造成损失。⑥家电商品。家电商品因品牌、规格、功能等不同，价格也会不一样，超市收银员应予以注意。⑦蔬果、水产等称重类的商品：一是留意商品的品种；二是注意商品的重量；三是注意大小和颜色相同的商品，不要混淆。

议一议

一天傍晚，一个年轻人到店里购物，拿了一张100元的钞票交给收银员结账。当收银员准备给他找零时，他突然说："等一下，我有零钱。"于是收银员把100元还给他，并收取了他的零钱。然而等结完账，年轻人突然对收银员说："你100元没有还给我。"见收银员满脸疑惑，他又补充了一句："你看，就是那一张。"收银员虽然不大相信，但见他如此肯定，只好拿出100元给他，还对他道一声"对不起"。到晚上结账时，收银员发现营业款少了100元。

分析：问题就出在收银员没有坚持按规则操作和唱收唱付原则，从而让该年轻人诈骗得逞。这种情况时有发生，收银员在收款和找零时一定要唱收唱付，以避免不必要的损失。

二、内部防损安全管理

防损管理除要注意顾客之外，对内部员工也要加强管理。

（一）内部员工的异常迹象

防损部门要关注员工的一些异常迹象，如：①收银员擅自离开岗位或未到下班时间中途下班。②收银员执意要求上某一台收银机。③某收银员经常有小额的收银错误。④收银员为其亲属、朋友结账。⑤某收银员违反收银程序，如不扫描但进行商品消磁，或跳过扫描。⑥某收银员某一小票有过多的作废或删除品项。⑦某收银员有大金额的收银短款行为等。⑧员工特意在某收银机前结账。⑨收银小票与家电的提货商品品名不符。⑩收银员表情过于紧张或有异样。⑪收银员背着大包上下班。⑫收银员与某顾客熟悉并亲自为其挑选商品。

（二）内盗的处罚

1. 内盗的赔偿或解雇

（1）所有内盗的人员，无论其盗窃的金额是多少，商品价值是多么小，理由多么充分，一旦发现确为事实，通常企业的处理方式是立即解聘。

（2）企业有权通过合法途径追回被盗的商品和要求赔偿被盗窃的金额。

2. 内盗的司法处理

根据其盗窃行为情节的严重和金额的大小，移交司法机关处理。

3. 内盗事件的曝光

（1）所有内盗事件的曝光不得公开盗窃者的私人资料。（2）内盗事件的曝光只能在本企业范围内进行，不得在公共媒体进行。

注意：

收银员主要与钱打交道，容易成为被骗被抢的对象，故要加强自我安全防范。要注意观察顾客的手与眼，尤其要注意在店中闲逛者或不敢正视店员者。离开柜台时应锁上收银机并带走钥匙。眼睛看着顾客时勿继续点钞，以防发生错误。如累积大笔现金，应迅速转交收藏，不要与声称少找钱的顾客争吵，一旦有纠纷发生，先将收银机上锁，并立即请其他店员帮助。对假币要有鉴别的能力，要熟悉店中各种商品的价格。

模块四　收银设备管理

收银设备是组成收银工作系统的重要构件，离开了收银设备，收银工作系统将无法运行，同时也失去了进行收银工作及营销管理的功能。所以，收银设备对于从事商品经营的零售公司来说至关重要。因此，作为收银设备的使用者，收银员应当熟悉各收银设备的管理要求，加强收银设备的日常维护与管理。

一、收银机的管理要求

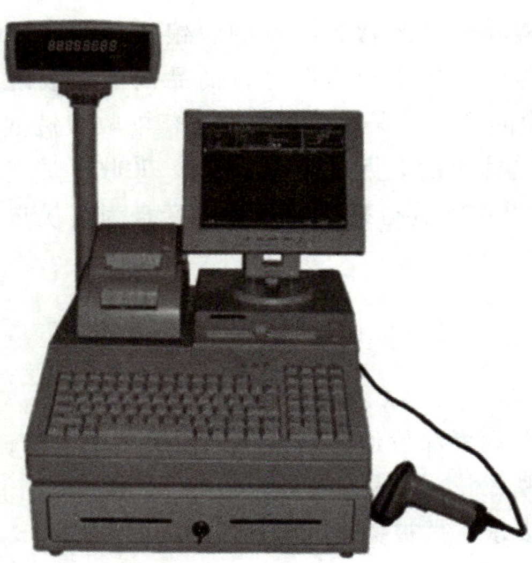
图 6－1　电子收银机

商业电子收银是微电子技术发展及现代化商品流通管理理念和技术发展结合的产物，而商业电子收银机则是现代化、自动化商业管理必不可少的基本电子设备之一。电子收银机的结构主要由电子器件和机械部件两类组成，有以下七个组成部分：

（1）主板——中央数据处理部件。

（2）存储器——存储信息、数据、程序。

（3）键盘——用来输入各种销售数据。

（4）打印机——用于打印销售发票和管理存根。

（5）显示屏——用于方便收银员和顾客进行人机对话。

（6）钱箱——用于存放收到的现金。

（7）外部设备接口——用于连接各种外部设备（见图 6－1）。

（一）日常管理

（1）收银机由收银员负责日常使用及管理工作。

（2）每天必须清洁收银机及其外围相关设备，以保持机器外表的整洁。

（3）开启收银机，检查机器运作是否正常。检查机内程序设定和各项统计数值是否正常，检查日期是否正常，各项数字是否归零。

（4）不能用力敲击键盘、随意转动客户屏，以免造成客户屏数据线松动或扭断。

（5）工作时动作要轻，特别是在开启、关闭银箱时要防止震动。

（6）在收银机上不能放置任何物品，亦不能在周边放置液态物品，以防液体浸入机身。

（7）严禁频繁开启和关闭收银机，未经计算机管理部门人员的同意，不能随意搬动、拔插收银机后盖的电源线、数据线。

（8）电源线的连接应安全和固定，不能随意搬动机器或拆装内部器件。

（9）断电关机后，至少在一分钟后才可再次开机，不能频繁开、关机，并经常检查打印色带和打印纸，及时更换色带和打印纸，保持打印机内部的清洁。

（10）发生停电、断电时，应保管好自己的财物，通知设备维护员，待重新启动各项数据正常后才可再进行收银操作。

（11）营业结束后，收银员应将收银机里的所有现金、购物券、单据收回金库并放入公司指定的保险箱内，收银机的抽屉必须开启，直至次日营业开始前。收银机抽屉打开不上锁的理由是，防止万一有窃贼进入公司时，为了窃取现金等而撬坏收银机抽屉，从而增加公司的修理费用。

（12）严格按照电子收银机的开、关机程序操作。开机时应首先打开 UPS 电源，再开启主机电源；关机时应先退出收银系统，关闭主机电源，再关闭 UPS 电源，最后盖上防尘罩。

（二）专业管理

（1）定期清洁机器，除尘、除渍。由计算机管理部门人员对收银机的键盘、打印机、内壳进行清洁，每月不少于一次。

（2）当收银机不小心浸入液体时，需立即切断电源，通知计算机管理人员到场处理。

（3）付款前发现多录、错录商品时可以自行更改、调整；付款打单后则一定要在服务台处理，不能私自在收银台处理。

（4）发生死机时，如尚未按打印键，重新启动即可；如已按了打印键，应将单据号和商品编号记下并在后台进行查询，看是否已上传，如未上传，则需补打单据。

（5）当收银机出现故障时，应立即通知计算机管理人员到场解决，并尽量保护故障现场。

（6）当收银机或相关设备损坏时，需通知计算机管理人员，将损坏元件交回信息部处理。

二、配套设备的管理

随着现代技术的发展，收银机的配套设备逐渐增多，常见的主要有以下五种：

（一）条码阅读器

条码阅读器也称条形码扫描器，是条形码的读入装置，从外观上可分为四种：笔式、手持式、台式、卡式；按光源可分为两种：红外光和激光。

1. 日常管理

①日常工作中应注意扫描器的保养和管理，注意避光、除尘，经常保持扫描窗口表面的清洁；并注意轻拿轻放，以防碰摔仪器。②非工作时间必须切断扫描器的电源。③扫描器待机时，应用盖板遮住扫描窗口。如果是手持式扫描器还须小心将其放置在托架上。④当营业结束收银台关闭时，应切断扫描器的电源。

2. 专业管理

①使用前，应先检查扫描器位置是否放置正确。②接通电源后，扫描器绿色指示灯亮，同时听到“嘟”的声响，如果是台式扫描器还会产生垂直向上、纵横交错的激光网，即表示扫描器工作正常，并处于待机状态。③使用时，应注意商品条码是否有断码、变色、模糊等现象；扫描商品时，要手握扫描器手柄，将扫描窗口对准商品条码，当扫描器发出“嘟”的声响时，则表示商品条码已被正确识别输入。④工作中如有异常现象，如扫描器亮红灯、开机或扫描商品条码时无“嘟”声响、商品信息无显示等现象，此时应立即停止工作，并及时通知计算机管理人员前来检查维修。

（二）计算机

1. 日常管理

（1）必须保持计算机的清洁卫生、摆放整齐；未经许可，不得随便移动、私自拆卸及野蛮操作。

（2）在一台计算机上不能同时开多个用户窗口，操作人员离开时，必须退出应用程序。

（3）禁止撕毁计算机设备上的标识性文字、封条等。

（4）计算机开关机必须按以下顺序进行：①使用计算机时，应先开 UPS，再开外围设备（打印机、显示器等），最后开计算机主机电源；②工作结束后，先退出所有的应用程序，再退出操作系统，关主机电源，关外围设备电源，最后关 UPS 电源。

（5）若在使用中计算机出现故障，应立即停止使用，通知计算机管理部门前来维修，严禁自行维修。

2. 专业管理

（1）严禁随意删除计算机内的各种软件、数据等；严禁随意修改计算机系统，如系统配置、口令、IP 地址等。

（2）严禁使用外来软件，以防感染病毒，损坏机器。确因工作需要而需使用外来软件时，应报计算机管理部门批准，经计算机管理部门检查后方可使用。

（3）严禁利用计算机及网络设备泄露公司资料，严禁使用他人的用户名和密码。

（4）不得利用网络异地传递大批量和大型图形文件。

（三）打印机的管理要求

电子收银机除内置打印机外，还可连接外置打印机，如餐饮业中所用的厨房打印机和票据打印机。

1. 日常管理

经常保持打印机的清洁卫生，不得随意移动和私自拆卸打印机。

2. 专业管理

（1）严禁在换打印纸、色带、墨盒及撕纸时动作不当或野蛮操作。

（2）打印机工作时，收银员应注意看守，如出现卡纸时应立即停机处理。

（3）工作中如打印机出现异常，应立即和计算机管理部门人员联系，严禁自行拆卸维修。

（四）显示器的管理要求

1. 日常管理

（1）要经常保持显示器的清洁卫生，但不得使用表面粗糙的布或纸擦拭显示器，以防划伤显示器表面，影响显示效果。

（2）不要随意转动显示器；如需调整显示器的角度，应双手轻轻地转动，以免因数据线松动或扭断而损坏显示器。

2. 专业管理

工作中如发现显示器异常时，应立即和计算机管理部门人员联系，严禁自行拆卸检查。

（五）后备电源的管理要求

后备电源即 UPS 电源，用于断电后由电池直接向收银机供电。

1. 日常管理

（1）经常保持 UPS 电源外壳的清洁。

（2）严禁把 UPS 电源放在潮湿的地方，不要在 UPS 电源上及其周围放置任何物品。

（3）开启计算机设备之前应先开启 UPS 电源，而关闭 UPS 电源之前应先关闭计算机设备。

（4）当开启或使用中的 UPS 发出报警声及非正常声音时，需立即通知计算机管理部门人员。未经计算机管理部门人员许可，严禁任何人以任何理由打开 UPS 电源进行检查。

2. 专业管理

（1）在带电的情况下不得搬动 UPS 电源或拔插 UPS 上的电源线。

（2）严禁在 UPS 电源上连接与计算机无关的设备，以防 UPS 超负荷运转。

（3）未经计算机管理部门人员许可，严禁以任何理由打开机壳。

（4）工作中的 UPS 一旦短路，需立即切断电源，并通知计算机管理部门值班人员到场处理。

实战演练

一、不定项选择题

1. 排班时应遵循的原则有（　　）。

   A. 排班简单原则　　B. 匹配营业交易原则

   C. 成本效益原则　　D. 收银五人原则

2. 排岗时应遵循的原则有（　　）。

   A. 成本效益原则　　B. 数量原则　　C. 位置原则　　D. 匹配的原则

3. 下列不属于总收款室主要业务的是（　　）。

A. 收银员排岗排班工作
B. 结算公司每日的营业资金
C. 计算处理收款差异
D. 为各收银台准备一定数量的零用金

4. 总收款室将预收款及时存入银行的具体步骤为（　　）。

A. 将已经清点好的现金交给前来收款的银行工作人员
B. 由银行工作人员清点现金、查验假钞、填制单据并签字盖章
C. 登记相关现金账
D. 根据各种现金币值的需要，与银行每日兑换相应的零钱

5. 总收款室处理收银员班结业务的具体步骤为（　　）。

A. 收银主管将收银员的班结钱袋交到总收款室
B. 总收款人员将班结钱袋逐一打开，一人清点现金、验钞、填单、签字，另一人复点现金、验钞、签字
C. 将所有现金按币值分类放好
D. 将相关数据输入计算机进行存储与处理

6. 对收银设备的管理应包括（　　）方面以延长其使用寿命。

A. 日常管理　B. 专业管理　C. 短期维护　D. 长期维护

7. 收银机的配套设施包括（　　）。

A. 条码阅读器　B. 计算机　C. 打印机　D. 后备电源

二、判断题

1. 任何时候，要保证每一台收银机前排队等候结账的顾客一般不超过 5 人。（　　）

2. 一般情况下应保证收银员在合理的工作时间内进食工作餐，但如果发生突发事件，如顾客太多，则可提早或推迟就餐时间，甚至取消工作餐。（　　）

3. 任何时候，总收款室都应保证有一人留守。（　　）

4. 知道保险柜密码的人都必须登记，任何人辞职时都必须及时更换密码。（　　）

5. 收银员上岗前必须设置收银机起始零用金，放在收银机的现金抽屉内。每台收银机每日的起始零用金可以不同。（　　）

6. 兑零必须在需要兑零的收银机岗位旁进行，不得远离岗位。（　　）

7. 收银员应于每日下班时填写现金交款单，将现金上缴总收款室。现金交款单一式两联，填写日期应为营业日当天。（　　）

8. 所有内盗的人员，无论其盗窃的金额是多少，商品多么小，理由多么充分，一旦发现确为事实，一律予以立即解聘。（　　）

9. 当收银机出现故障时，收银员可以自行修理，无须通知计算机管理人员到场解决。（　　）

10. 在收银过程中可以随意转动显示器以调整显示器的角度，以方便收银员和顾客使用。（　　）

三、简答题

1. 简述收银工作排班时应考虑的因素。

2. 简述收银工作的排班方式。

3. 简述总收款室管理规定。
4. 现金存放应注意哪些方面？
5. 收银员应如何向总收款室交存现金？
6. 为确保现金的安全性，收银员在执行收银作业时应遵守的守则有哪些？
7. 支票管理应遵循哪些原则？
8. 审验支票时应主要审核哪些内容？
9. 作废发票处理应注意些什么？
10. 简述收银机的管理要求。
11. 简要回答配套设备的管理要求。

四、实训题

发票填制：

【实训目的】通过实训熟练掌握发票的填制内容和方法。

【实训要求】

1. 请你以沃尔玛超市收银员的身份为顾客开具购物发票（见图6－2）。

2. 业务："蓝天运动中心"202×年10月15日在"沃尔玛"超市采购以下物品（见表6－8）：

表6－8　购物明细表

品　名	数　量	单　价（元）	金　额（元）
碧浪洗衣粉	10（箱）	80	
雕牌洗衣皂	25（箱）	40	
菊花牌床单	10（条）	68	
取暖器	8（台）	385	

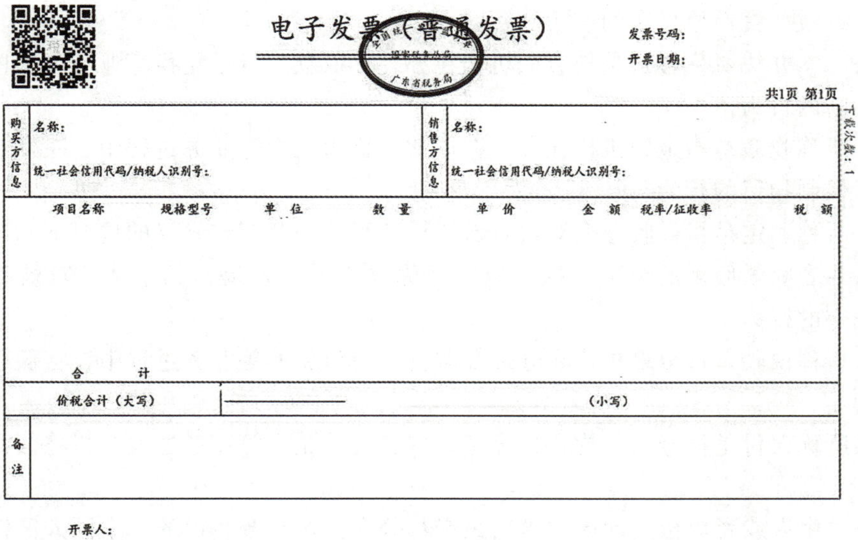
电子发票（普通发票）
发票号码：
开票日期：
共1页 第1页

购买方信息	名称： 统一社会信用代码/纳税人识别号：	销售方信息	名称： 统一社会信用代码/纳税人识别号：

项目名称	规格型号	单位	数量	单价	金额	税率/征收率	税额
合计							
价税合计（大写）				（小写）			
备注							

开票人：

下载次数：1

图6－2　增值税发票

附录一

中国人民银行货币鉴别及假币收缴、鉴定管理办法

（2019 年 10 月 16 日中国人民银行令〔2019〕第 3 号公布自 2020 年 4 月 1 日起施行）

第一章　总　　则

第一条　为规范货币鉴别及假币收缴、鉴定行为，保护货币持有人的合法权益，根据《中华人民共和国中国人民银行法》《中华人民共和国商业银行法》《全国人民代表大会常务委员会关于惩治破坏金融秩序犯罪的决定》和《中华人民共和国人民币管理条例》，制定本办法。

第二条　在中华人民共和国境内设立的办理存取款、货币兑换等业务的银行业金融机构（以下简称金融机构）鉴别货币和收缴假币，中国人民银行及其分支机构和其授权的鉴定机构（以下统称鉴定单位）鉴定货币真伪，适用本办法。

第三条　本办法所称货币是指人民币和外币。人民币是指中国人民银行依法发行的货币，包括纸币和硬币。外币是指在中华人民共和国境内可存取、兑换的其他国家（地区）流通中的法定货币。

本办法所称假币是指不由国家（地区）货币当局发行，仿照货币外观或者理化特性，足以使公众误辨并可能行使货币职能的媒介。

假币包括伪造币和变造币。伪造币是指仿照真币的图案、形状、色彩等，采用各种手段制作的假币。变造币是指在真币的基础上，利用挖补、揭层、涂改、拼凑、移位、重印等多种方法制作，改变真币原形态的假币。

第四条　本办法所称鉴别是指金融机构在办理存取款、货币兑换等业务过程中，对货币真伪进行判断的行为。

本办法所称收缴是指金融机构在办理存取款、货币兑换等业务过程中，对发现的假币通过法定程序强制扣留的行为。

本办法所称鉴定是指被收缴人对被收缴假币的真伪判断存在异议的情况下，鉴定单位根据被收缴人或者收缴假币的金融机构（以下简称收缴单位）提出的申请，对被收缴假币的真伪进行裁定的行为。

本办法所称误收是指金融机构在办理存取款、货币兑换等业务过程中，将假币作为真币收入的行为。

本办法所称误付是指金融机构在办理存取款、货币兑换等业务过程中，将假币付出给客户的行为。

第五条　个人或者单位主动向中国人民银行分支机构上缴假币的，中国人民银行分支机构予以没收。

个人或者单位主动向金融机构上缴假币的，金融机构依照本办法第三章实施。

第六条　中国人民银行及其分支机构依照本办法对货币鉴别及假币收缴、鉴定实施监督管理。

金融机构依照本办法对货币进行鉴别，对假币进行收缴，协助被收缴人向鉴定单位提出鉴定申请。

鉴定单位依照本办法实施鉴定。

第七条　对于贵金属纪念币的鉴定比照本办法实施，具体办法另行制定。

第二章　货币鉴别

第八条　金融机构办理存取款、货币兑换等业务时，应当准确鉴别货币真伪，防止误收及误付。

第九条　金融机构在履行货币鉴别义务时，应当采取以下措施：

（一）确保在用现金机具的鉴别能力符合国家和行业标准；

（二）按照中国人民银行有关规定，负责组织开展机构内反假货币知识与技能培训，对办理货币收付、清分业务人员的反假货币水平进行评估，确保其具备判断和挑剔假币的专业能力；

（三）按照中国人民银行有关规定，采集、存储人民币和主要外币冠字号码。

第十条　金融机构与客户发生假币纠纷的，若相应存取款、货币兑换等业务的记录在中国人民银行规定的记录保存期限内，金融机构应当提供相关记录。

第十一条　金融机构误付假币，由误付的金融机构对客户等值赔付。若发生负面舆情，金融机构应当妥善处理并消除不良影响。

第十二条　金融机构向中国人民银行分支机构解缴的回笼款中夹杂假币的，中国人民银行分支机构予以没收，向解缴单位开具《假人民币没收收据》，并要求其补足等额人民币回笼款。

第十三条　金融机构确认误收或者误付假币的，应当在 3 个工作日内向当地中国人民银行分支机构报告，并在上述期限内将假币实物解缴至当地中国人民银行分支机构。金融机构所在地没有中国人民银行分支机构的，由该金融机构向其所在地上一级中国人民银行分支机构报告及解缴假币。

第三章　假币收缴

第十四条　金融机构在办理存取款、货币兑换等业务时发现假币的，应当予以收缴。

第十五条　金融机构柜面发现假币后，应当由 2 名以上业务人员当面予以收缴，被收缴人不能接触假币。对假人民币纸币，应当当面加盖“假币”字样的戳记；对假外币纸币及各种假硬币，应当当面以统一格式的专用袋加封，封口处加盖“假币”字样戳记，并在专用袋上标明币种、券别、面额、张（枚）数、冠字号码（如有）、收缴人、复核人名章等细项。收缴单位向被收缴人出具按照中国人民银行统一规范制作的《假币收缴凭证》，加盖收缴单位业务公章，并告知被收缴人如对被收缴的货币真伪判断有异议，可以向鉴定单位申请鉴定。

金融机构在清分过程中发现假币后，应当比照前款假外币纸币及各种假硬币的收缴方式，由 2 名以上业务人员予以收缴。假币来源为柜面或者现金自助设备收入的，应当确认为误收差错，假币实物依照第十三条处理。

假币收缴应当在监控下实施，监控记录保存期限不得少于 3 个月。

第十六条　金融机构在收缴假币过程中有下列情形之一的，应当立即报告当地中国人民银行分支机构和公安机关：

（一）一次性发现假币 5 张（枚）以上和当地中国人民银行分支机构和公安机关发文另有规定的两者较小者；

（二）利用新的造假手段制造假币的；

（三）获得制造、贩卖、运输、持有或者使用假币线索的；

（四）被收缴人不配合金融机构收缴行为的；

（五）中国人民银行规定的其他情形。

第十七条　金融机构应当对收缴的假币实物进行单独管理，并建立假币收缴代保管登记制度，账实分管，确保账实相符。

第十八条　金融机构应当将收缴的假币每月全额解缴到当地中国人民银行分支机构，不得自行处理。

金融机构所在地没有中国人民银行分支机构的，由其所在地上一级中国人民银行分支机构确定假币解缴单位。

第十九条　现金自助设备发现可疑币后的处置及相关假币收缴的管理办法另行制定。

第二十条　被收缴人对收缴单位作出的有关收缴具体行政行为有异议，可以在收到《假币收缴凭证》之日起 60 日内向直接监管该金融机构的中国人民银行分支机构申请行政复议，或者依法提起行政诉讼。

第四章　假币鉴定

第二十一条　被收缴人对被收缴货币的真伪有异议的，可以自收缴之日起 3 个工作日内，持《假币收缴凭证》直接或者通过收缴单位向当地鉴定单位提出书面鉴定申请。鉴定单位应当即时回复能否受理鉴定申请，不得无故拒绝。

鉴定单位应当无偿提供鉴定服务，鉴定后应当出具按照中国人民银行统一规范制作的《货币真伪鉴定书》，并加盖货币鉴定专用章和鉴定人名章。

第二十二条　鉴定单位鉴定时，应当至少有 2 名具备货币真伪鉴定能力的专业人员参与，并作出鉴定结论。

第二十三条　鉴定单位应当自收到鉴定申请之日起 2 个工作日内，通知收缴单位报送待鉴定货币。

收缴单位应当自收到鉴定单位通知之日起 2 个工作日内，将待鉴定货币送达鉴定单位。

第二十四条　鉴定单位应当自受理鉴定之日起 15 个工作日内完成鉴定并出具《货币真伪鉴定书》。因情况复杂不能在规定期限内完成的，可以延长至 30 个工作日，但应当以书面形式向收缴单位或者被收缴人说明原因。

第二十五条　对盖有“假币”字样戳记的人民币纸币，经鉴定为真币的，由鉴定单位交收缴单位按照面额兑换完整券退还被收缴人，并收回《假币收缴凭证》，盖有“假币”戳记的人民币按不宜流通人民币处理；经鉴定为假币的，由鉴定单位予以没收，并向收缴单位和被收缴人开具《货币真伪鉴定书》和《假人民币没收收据》。

对收缴的外币纸币和各种硬币，经鉴定为真币的，由鉴定单位交收缴单位退还被收缴人，并收回《假币收缴凭证》；经鉴定为假币的，由鉴定单位将假币退回收缴单位依法收缴，并向收缴单位和被收缴人出具《货币真伪鉴定书》。

第二十六条　鉴定单位应当具备以下条件：

（一）具有 2 名以上具备货币真伪鉴定能力的专业人员；

（二）满足鉴定需要的货币分析技术条件；

（三）具有固定的货币真伪鉴定场所；

（四）中国人民银行要求的其他条件。

第二十七条　鉴定单位应当公示鉴定业务范围。中国人民银行及其分支机构应当公示授权的鉴定机构名录。中国人民银行及其分支机构授权的鉴定机构应当公示授权证书。

第二十八条　被收缴人对中国人民银行及其分支机构授权的鉴定机构作出的鉴定结果有异议，可以在收到《货币真伪鉴定书》之日起 60 日内向鉴定机构所在地的中国人民银行分支机构申请再鉴定。

被收缴人对中国人民银行分支机构作出的鉴定结果有异议，可以在收到《货币真伪鉴定书》之日起 60 日内向中国人民银行分支机构的上一级机构申请再鉴定。

第五章　监督管理

第二十九条　中国人民银行负责组织制定、实施现金机具鉴别能力管理、反假货币培训管理、金融机构冠字号码数据信息管理、假币收缴鉴定等的制度规范。

中国人民银行及其分支机构有权对金融机构执行本办法的情况开展监督检查。

第三十条　金融机构应当按照《中华人民共和国人民币管理条例》和本办法的相关规定，建立货币鉴别及假币收缴、鉴定内部管理制度和操作规范。

第三十一条　金融机构应当按照中国人民银行有关规定，对现金机具、人员培训、冠字号码以及假币收缴鉴定业务等进行数据管理，并将相关数据报送中国人民银行或其分支机构。

第三十二条　金融机构应当定期对本办法及相关内部管理制度和操作规范的执行情况进行自查，并接受中国人民银行及其分支机构的检查。

第六章　法律责任

第三十三条　金融机构开展货币鉴别和假币收缴，中国人民银行及其分支机构授权的鉴定机构开展假币鉴定业务，有下列行为之一，但尚未构成犯罪，涉及假人民币的，按照《中华人民共和国人民币管理条例》第四十四条的规定予以处罚；涉及假外币的，处以1 000 元以上 3 万元以下的罚款：

（一）在用现金机具鉴别能力不符合国家和行业标准的；

（二）未按本办法规定组织开展机构内反假货币知识与技能培训，未按本办法规定对办理货币收付、清分业务人员的反假货币水平进行评估，或者办理货币收付、清分业务人员不具备判断和挑剔假币专业能力的；

（三）未按本办法规定采集、存储人民币和主要外币冠字号码的；

（四）未按本办法规定建立货币鉴别及假币收缴、鉴定内部管理制度和操作规范的；

（五）发生假币误付行为的；

（六）与客户发生假币纠纷，在记录保存期限内，金融机构未能提供相应存取款、货币兑换等业务记录的；

（七）发现假币而不收缴的；

（八）未按本办法规定收缴假币的；

（九）未按本办法规定将假币解缴中国人民银行分支机构的；

（十）违反本办法第十六条规定，应当向公安机关报告而不报告的；

（十一）无故拒绝受理收缴单位或者被收缴人提出的货币真伪鉴定申请的；

（十二）未按本办法规定鉴定货币真伪的；

（十三）不当保管、截留或者私自处理假币，或者使已收缴、没收的假币重新流入市场的。

第三十四条　金融机构开展货币鉴别和假币收缴，中国人民银行及其分支机构授权的鉴定机构开展假币鉴定业务，有下列行为之一，但尚未构成犯罪，涉及假人民币的，按照《中华人民共和国中国人民银行法》第四十六条的规定予以处罚；涉及假外币的，处以1 000元以上3万元以下的罚款：

（一）发生假币误收行为的；

（二）误付假币，未对客户等值赔付，或者对负面舆情处置不力造成不良影响的；

（三）误收、误付假币，应当向中国人民银行分支机构报告而不报告的；

（四）违反本办法第十六条规定，应当向中国人民银行分支机构报告而不报告的；

（五）向中国人民银行分支机构解缴的回笼款中夹杂假币的；

（六）未按本办法规定对现金机具、人员培训、冠字号码以及假币收缴鉴定业务等进行数据管理，并报送中国人民银行或其分支机构的；

（七）未公示鉴定机构授权证书或者鉴定业务范围的。

第三十五条　拒绝、阻挠、逃避中国人民银行及其分支机构检查，或者谎报、隐匿、销毁相关证据材料的，有关法律、行政法规有处罚规定的，依照其规定给予处罚；有关法律、行政法规未作处罚规定的，由中国人民银行及其分支机构予以警告，并处5 000元以上3万元以下的罚款。

第三十六条　中国人民银行及其分支机构工作人员有下列行为之一，但尚未构成犯罪的，对直接负责的主管人员和直接责任人员，依法给予行政处分：

（一）无故拒绝受理收缴单位、被收缴人或者中国人民银行及其分支机构授权的鉴定机构提出的货币真伪鉴定申请的；

（二）未按本办法规定鉴定假币的；

（三）不当保管、截留或者私自处理假币，或者使已收缴、没收的假币重新流入市场的。

第七章　附　　则

第三十七条　本办法由中国人民银行负责解释。

第三十八条　本办法自2020年4月1日起施行。《中国人民银行假币收缴、鉴定管理办法》（中国人民银行令〔2003〕第4号发布）同时废止。

附录二

收银员常用英语词汇与短语

（一）收银员常用英语词汇

汉 语	英 语
信用卡	Credit Card
现金	Cash
安全出口	Exit
入口	Entrance
服务中心	Service Center
特卖、打折销售	Special Sales
问询处	Inquiry Desk
投诉退换处/售后服务部	Aftersale Service
现价	Current price
原价	Original price
损坏需赔	Any damages or losses must be paid for
请求	Request
回答	Answer

（二）收银员常用英语短语

1. Good morning! 早晨好！
2. Welcome! 欢迎光临！
3. Thank you! I hope you are satisfied with our service. See you next time. 谢谢您！希望您对我们的服务满意，请再度光临。
4. Charge (Credit) or cash? 刷卡还是现金？
5. Take you sixty yuan, sir. 收您60元，先生。
6. You should pay me fifty-five yuan. 需要再付我55元。
7. Please keep in line. 请大家排队（保持秩序）。

8. I am a cashier. 我是收银员。
9. Excuse me, do you have any small change? 请问，您有零钱吗？
10. How much did it cost in total? 总共要多少钱？
11. We don't offer discounts. 我们不打折。
12. Not at all. 别客气。
13. What's your opinion? 您有什么看法？
14. Do you agree with me? 您同意吗？
15. Yes, please do. 好的，您请。
16. Would you mind speaking slowly? 请您说慢一点好吗？

附录三

企业内部控制具体规范——货币资金

第一章 总 则

第一条 为了引导企业加强对货币资金的内部控制，保证货币资金的安全，提高货币资金的使用效益，根据《企业内部控制规范——基本规范》以及国家有关法律法规，制定本规范。

第二条 本规范所称货币资金，是指企业所拥有或控制的现金、银行存款和其他货币资金。

第三条 企业在建立和实施货币资金内部控制制度中，至少应当强化对以下关键方面或者关键环节的风险控制，并采取相应的控制措施：

（一）职责分工、权限范围和审批程序应当明确，机构设置和人员配备应当科学合理；

（二）现金、银行存款的管理应当符合法律要求，银行账户的开立、审批、核对、清理应当严格有效，现金盘点和银行对账单的核对应当按规定严格执行；

（三）与货币资金有关的票据的购买、保管、使用、销毁等应当有完整的记录，银行预留印鉴和有关印章的管理应当严格有效。

第二章 职责分工与授权批准

第四条 企业应当建立货币资金业务的岗位责任制，明确相关部门和岗位的职责权限，确保办理货币资金业务的不相容岗位相互分离、制约和监督。

货币资金业务的不相容岗位至少应当包括：

（一）货币资金支付的审批与执行；

（二）货币资金的保管与盘点清查；

（三）货币资金的会计记录与审计监督。出纳人员不得兼任稽核、会计档案保管和收入、支出、费用、债权债务账目的登记工作。

第五条 企业应当配备合格的人员办理货币资金业务，并结合企业实际情况，对办理货币资金业务的人员定期进行岗位轮换。

企业关键财会岗位，可以实行强制休假制度，并在最长不超过五年的时间内进行岗位轮换。

第六条 企业应当建立货币资金授权制度和审核批准制度，并按照规定的权限和程序办理货币资金支付业务。

（一）支付申请。企业有关部门或个人用款时，应当提前向经授权的审批人提交货币资金支付申请，注明款项的用途、金额、预算、限额、支付方式等内容，并附有效经济合同、原始单据或相关证明。

（二）支付审批。审批人根据其职责、权限和相应程序对支付申请进行审批。对不符合规定的货币资金支付申请，审批人应当拒绝批准，性质或金额重大的，还应及时报告有关部门。

（三）支付复核。复核人应当对批准后的货币资金支付申请进行复核，复核货币资金支付申请的批准范围、权限、程序是否正确，手续及相关单证是否齐备，金额计算是否准确，支付方式、支付企业是否妥当等。复核无误后，交由出纳人员等相关负责人员办理支付手续。

（四）办理支付。出纳人员应当根据复核无误的支付申请，按规定办理货币资金支付手续，及时登记现金和银行存款日记账。

第七条　严禁未经授权的部门或人员办理货币资金业务或直接接触货币资金。

第三章　现金和银行存款的控制

第八条　企业应当加强现金库存限额的管理，超过库存限额的现金应当及时存入开户银行。

第九条　企业应当根据《现金管理暂行条例》的规定，结合本企业的实际情况，确定本企业的现金开支范围和现金支付限额。不属于现金开支范围或超过现金开支限额的业务应当通过银行办理转账结算。

第十条　企业现金收入应当及时存入银行，不得坐支现金。

企业借出款项必须执行严格的审核批准程序，严禁擅自挪用、借出货币资金。

第十一条　企业取得的货币资金收入必须及时入账，不得账外设账，严禁收款不入账。有条件的企业，可以实行收支两条线和集中收付制度，加强对货币资金的集中统一管理。

第十二条　企业应当严格按照《支付结算办法》等国家有关规定，加强对银行账户的管理，严格按照规定开立账户，办理存款、取款和结算。银行账户的开立应当符合企业经营管理实际需要，不得随意开立多个账户，禁止企业内设管理部门自行开立银行账户。

企业应当定期检查、清理银行账户的开立及使用情况，发现未经审批擅自开立银行账户或者不按规定及时清理、撤销银行账户等问题，应当及时处理并追究有关责任人的责任。

企业应当加强对银行结算凭证的填制、传递及保管等环节的管理与控制。

第十三条　企业应当严格遵守银行结算纪律，不得签发没有资金保证的票据或远期支票，套取银行信用；不得签发、取得和转让没有真实交易和债权债务的票据；不得无理拒绝付款，任意占用他人资金；不得违反规定开立和使用银行账户。

第十四条　企业应当指定专人定期核对银行账户，每月至少核对一次，编制银行存款余额调节表，并指派对账人员以外的其他人员进行审核，确定银行存款账面余额与银行对账单余额是否调节相符。如调节不符，应当查明原因，及时处理。

第十五条　企业应当加强对银行对账单的稽核和管理。出纳人员不得同时从事银行对账单的获取、银行存款余额调节表的编制等工作。

第十六条　实行网上交易、电子支付等方式办理货币资金支付业务的企业，应当与承办银行签订网上银行操作协议，明确双方在资金安全方面的责任与义务、交易范围等。操作人员应当根据操作授权和密码进行规范操作。

使用网上交易、电子支付方式的企业办理货币资金支付业务，不应因支付方式的改变而随意简化、变更支付货币资金所必需的授权批准程序。企业在严格实行网上交易、电子支付操作人员不相容岗位相互分离控制的同时，应当配备专人加强对交易和支付行为的审核。

第十七条　企业应当定期和不定期地进行现金盘点，确保现金账面余额与实际库存相符。发现不符，及时查明原因，作出处理。

第十八条　企业应当按照国家统一的会计制度的规定对现金、银行存款和其他货币资金进行核算和报告。

第四章　票据及有关印章的管理

第十九条　企业应当加强与货币资金相关的票据的管理，明确各种票据的购买、保管、领用、背书转让、注销等环节的职责权限和处理程序，并专设登记簿进行记录，防止空白票据的遗失和被盗用。

企业因填写、开具失误或者其他原因导致作废的法定票据，应当按规定予以保存，不得随意处置或销毁。对超过法定保管期限、可以销毁的票据，在履行审核批准手续后进行销毁，但应当建立销毁清册并由授权人员监销。

企业应当设立专门的账簿对票据的转交进行登记；对收取的重要票据，应留有复印件并妥善保管；不得跳号开具票据，不得随意开具印章齐全的空白支票。

第二十条　企业应当加强银行预留印鉴的管理。财务专用章应当由专人保管，个人名章应当由本人或其授权人员保管，不得由一个人保管支付款项所需的全部印章。

按规定需要由有关负责人签字或盖章的经济业务与事项，必须严格履行签字或盖章手续。

主要参考文献

1. 陈企盛：《小企业出纳十日通》，中国纺织出版社2004年版。
2. 于家臻：《收银实务》，高等教育出版社2004年版。
3. 劳动和社会保障部教材办公室：《收银员》，中国劳动社会保障出版社2006年版。